U0919768

MENGXIANGCHENGZHEN NIEHAISHENG

梦想成真聂海胜

航天英雄聂海胜青少年时期的故事

徐　青◎著

长江出版传媒　湖北人民出版社

图书在版编目（CIP）数据

梦想成真聂海胜（航天英雄聂海胜青少年时期的故事）/徐青著.
武汉：湖北人民出版社，2015.1
ISBN 978－7－216－08320－1
Ⅰ.梦…　Ⅱ.徐…　Ⅲ.聂海胜—生平事迹—青少年读物　Ⅳ.K825.2-49
中国版本图书馆 CIP 数据核字（2014）第 167113 号

出 品 人：袁定坤
责任部门：高等教育分社
责任编辑：程小武
封面设计：张　弦
责任校对：范承勇
责任印制：谢　清
法律顾问：王在刚

出版发行：湖北人民出版社	**地址**：武汉市雄楚大道 268 号
印刷：武汉市科利德印务有限公司	**邮编**：430070
开本：710 毫米×1010 毫米　1/16	**印张**：14.25
字数：202 千字	**插页**：2
版次：2015 年 1 月第 1 版	**印次**：2015 年 1 月第 1 次印刷
书号：ISBN 978－7－216－08320－1	**定价**：28.00 元

本社网址：http://www.hbpp.com.cn
本社旗舰店：http://hbrmcbs.tmall.com
读者服务部电话：027－87679656
投诉举报电话：027－87679757
（图书如出现印装质量问题，由本社负责调换）

目　录

初 中 篇

高 中 篇

启 示 篇

后 记

序 言 刘富道

航天英雄聂海胜的青少年时期，有许多生动感人有趣的故事，这些故事在他的家乡湖北枣阳，也在更大范围的襄阳城乡，广泛地流传着。从聂海胜第一次进入太空成功返回时起，8 年来受到聂海胜故事的感染，一些青少年朋友走向通往成功的道路，获得了可喜的进步。

一个人成为英雄，也许有偶然性的因素，譬如说产生英雄壮举的这件事情，恰恰让这个人碰上了。但是，像岳飞那样的英雄，就不是凭一时之勇，凭一次偶然机会，获得名垂青史的成功。朋友们都知道，岳飞有个好母亲，在他小时候，就经常听母亲讲精忠报国的故事。岳飞正是接受了来自母亲的谆谆教诲，自幼刻苦努力，逐渐进入了敢当英雄的境界，逐渐锻炼了能当英雄的本事，才能在国家需要他的时候挺身而出。

在我们这个十多亿人口的国度里，进入太空的能有几人？聂海胜的运气真好。他的出生地枣阳，东汉时期出过一个皇帝，一个被历史公认的好皇帝刘秀。刘秀是一个靠自己打拼获得成功的英雄。出生枣阳的聂海胜，得天独厚地最近距离地感受到这个英雄的光辉。这就是聂海胜的好运气。一个农民的儿子，拾粪捡柴，牧牛刈草，下地干活，上学跑路，为了省鞋经常打赤脚。于是海胜有了好身体，有了铁脚板，有了什么苦都能吃的好习惯。海胜的父母心里明白，再穷也要让儿子读书，唯有读书才能改变穷家的命运。于是海胜发愤读书，成为学校的数学王。上帝把贫穷带来的好运气无偿地给予了聂海胜。海胜从小受当兵的堂兄的影响，立志好好学习，长大了当飞行员。果然，在例行征兵时，他成为百里挑一的飞行学员。果然，在选拔航天员时，他成为了千里挑一的航天员。他用1400多小时的安全飞行实践，赢得了这一次的好运气，一次伟大的好运气。

好运连连的聂海胜，在第一次太空之旅的8年之后，在他已经49岁的年龄上，戴着将军的军衔，作为神舟十号的领班，再次进入太空。2013年6月11日，一个令我们华夏民族无比激动的日子，一个令我们湖北人、襄阳人、枣阳人无比激动的日子，在遥远的太空，又多了一颗新星——那是聂海胜和他的战友乘坐的神舟十号！

正是在这个美好的日子，徐青先生把他的故事集《梦想成真聂海胜》书稿，发送到我的电子邮箱。此前，我用十多天的时间细读过打印稿，我被聂海胜艰辛的童年故事所深深感染。徐青是枣阳人，有过从军的经历，曾经是部队的笔杆子，转业又回到枣阳工作。他对枣阳的山山水水，风土人情以及农村的生活状况，都了如指掌。他写聂海胜，写枣阳农村，驾轻就熟。作品对聂海胜的刻画字字含情，看得出他是在十分激动的心情下写出这本故事集的。他选取的39个故事，精彩地呈现聂海胜入伍之前的生活画面，解读一位英雄成功的密码。英雄所以成为英雄，从聂海胜的成长轨迹看，其实密码只有一个，那就是有一种对于家国的担当精神，并且不懈地为实现理想而努力奋斗。

梦想成真聂海胜——

聂海胜将军，站在当今科技的最前沿，是振兴中华的排头兵，是为国增光的大英雄，无疑是青少年崇拜的最为时尚的偶像。

梦想成真聂海胜——

聂海胜小时候经历的烦恼比同龄人多，比现在的青少年朋友多很多。有吃饭穿衣的困难，有多次面临辍学的危机，有学英语跟不上的尴尬。他都快乐地挺过来了。

梦想成真聂海胜——

一个农村娃当上飞行员，一个士兵当上将军。

读故事集《梦想成真聂海胜》，我脑子里产生一个经久不息的意象：在鄂北的乡村小路上，一双赤脚在奔跑着，奔跑着，从小学跑到初中，从初中跑到高中。这双赤脚奔跑的意象，今天化作身着航天服的伟岸身躯，在大西北的酒泉卫星发射基地，沉着镇定地再次向太空出发。

2013 年 6 月 11 日

写在神舟十号进入太空之时

（刘富道　中国作家协会全委委员，国家一级作家，国务院政府特殊津贴享受者，湖北省作家协会原副书记、副主席、文学院院长、《长江》丛刊主编）

写在前面

一个好的故事、一本励志的书，会在青少年朋友的心灵上留下一辈子磨灭不掉的印象，也可能会改变一个人的成长道路使之成为成功者。

《梦想成真聂海胜》，记述的就是航天英雄聂海胜青少年时期的故事。聂海胜，1964 年农历九月出生，湖北省枣阳市人。1983 年 6 月，从枣阳一中考入中国人民解放军空军某航空学院。

聂海胜出生在贫困的农村家庭，童年和学生时期经历了一般人难以承受的艰苦磨炼，凭坚定的信念和顽强的意志，最终完成学业。在航空学院，第一个飞上天的是他，第一个放单飞的还是他。毕业后，在空军航空兵某师，安全飞行 1480 个小时，担任团领航主任，现为国家特级航天员。“神五”最初选定的 14 名航天员，是从 3000 名国家一级飞行员中挑选出来的，聂海胜等三人，是层层选出的首飞航天员梯队。“神六”是我国的首次多人长时间太空飞行，聂海胜和他的战友密切配合，胜利完成祖国和人民赋予的神圣使命。为表彰他们为中国航天事业作出的卓越贡献，中共中央、国务院、中央军委在北京人民大会堂召开表彰大会，授予他们“英雄航天员”荣誉称号，胡锦涛总书记亲手向聂海胜和他的战友颁发了“航天功勋奖章”。2011 年 6 月，聂海胜晋升少将军衔。

“九天揽月”圆梦 8 年之后的聂海胜再度飞越苍穹。“神十”航天员飞行乘组由聂海胜担任指令长。太空新旅，再探太空。神舟十号载人飞船按照预定程序，将先后与天宫一号进行 1 次自动交会对接和 1 次航天员手控交会对接，将开创手动应用飞行的先河，将在太空授课天地互动，将首次在轨飞行 15 天。手控交会对接任务将由聂海胜完成，为完成这一任务聂海胜训练超过 2000 次，准确率 100%。“神十”在轨飞行 15 天，加上过去的 5 天太空飞行，聂海胜将是我国在太空飞行时间最长的航天员。同时，也是唯一一位以将军身份飞越太空的航天员。面对中央电视台记者的专访，聂海胜微笑着说：“不论将官还是士兵，都因使命而光荣。”6 月 11 日下午，聂海胜和他的战友出征时，刚从美国访问回国的习近平总书记，专程赶到酒泉发射现场为他们壮行，面对面地对他们说：“你们使全体中国人民都感到骄傲，你们这个任务是光荣而又神圣的。我对你们圆满完成任务充满了信心，我祝你们成功，期待你们凯旋。”

神舟十号指令长聂海胜(中)和战友张晓光、王亚平在一起

聂海胜梦想成真。童年的梦能够随他飞上蓝天穿越太空，与他童年经历的艰苦磨炼、学生时期打下的扎实基础和家庭对他的良好教育是分不开的。是他始终在为自己的明天做最好的准备。你想了解聂海胜青少年时期的成长经历吗？你想了解聂海胜的成功秘诀吗？本书向你和朋友们介绍并要与你和朋友们一起探讨的正是这些。

作　者

于“神十”发射成功当天

序篇

昨天的只能说明昨天，明天应该重新努力。成绩属于家乡，属于部队；荣誉属于祖国，属于人民。

——聂海胜

我们的“海胜小学”

公元2005年10月17日，全球瞩目的中国神舟六号航天飞行圆满成功后，全国上下沸腾了。

神舟六号宇航员之一聂海胜的家乡湖北省枣阳市成了欢乐的海洋。从枣阳城到杨垱镇，遍地是红旗、锣鼓、鞭炮、秧歌队、狮子舞……市区上空和乡镇的大街小巷到处挂满了“古有光武中兴，今有海胜飞天”等内容的宣传横幅。一千九百七十多年前，从枣阳吴店皇村走出的东汉开国皇帝、一代明君刘秀，是枣阳永远的骄傲。聂海胜飞天成功，是家乡人民又一个永远的骄傲。

聂海胜从太空着地的前夜，家乡的男女老幼整夜无眠。或守在电视机前，或等候在海胜家门口。神舟六号返回舱着地海胜走出的那一刻，海胜新家所在的杨垱北街和附近的几条大街上，万人空巷、盛况空前。家乡人民为了永远不忘聂海胜，世世代代传唱聂海胜，经上级政府批准，决定把聂海胜童年就读的启蒙小学——杨垱镇樊庄小学更名为“海胜小学”。

“海胜小学”所在的樊庄行政村，由徐庄、樊庄、聂庄、张庄、李庄、肖庄六个自然村组成。1979年改革开放农村土地承包到户之前的樊庄村，叫樊庄大队。新中国刚建立的时候，樊庄、聂庄属于河西郝店村，徐庄属于路南的肖庄村。互助组、初级社那阵，这三个庄由于贫穷都被人家当包袱给扔了。可这三个庄的人穷是穷但都很倔，三个穷庄的人自发地走到一起组成了当时的和平社，和平社就是后来的樊庄大队。

樊庄大队徐庄村头上有一口烧砖的破窑，窑上有两间茅草屋，这两间茅草屋就是“海胜小学”的前身。聂海胜上的育红班、小学一年级都是在这两间破窑屋里度过的。在聂海胜上小学二年级夏季的一天夜里，狂风卷着暴雨整整下了一夜。早饭后，当光着脚的海胜来到学校时，学校的房顶已经没有了，前墙只剩一半，西山墙从根上倒塌了。好在学校唯一的动产——一块一米来宽的小黑板还在。那是因为，细心的周玉凤老师每天要把这块小黑板当成宝贝一样拎回家里。从那天开始，海胜和四十几个一、二年级的小伙伴们就在周老师家院子里上学，高年级的大同学们转到生产队的牛屋里去了。再后来，樊庄小学全校的同学都转到了生产队的几间库房里。

在聂海胜上小学三年级的下学期，樊庄大队的三个庄和路南面肖庄大队的三个庄合并成一个大队，村名仍叫樊庄大队。原肖庄小学也同时更名为樊庄小学。海胜转到新的学校只读了一个学期，由于两个大队的学生合二为一学校实在是容纳不下，那一年的冬天，樊庄大队又在六个自然村的中间位置建起了新的樊庄小学，那时只是十几间坡房。现在人们看到的有亮堂堂的两层楼房，有宽敞整洁的校园，有挺拔翠绿的雪松，有漂亮的大门和围墙的“海胜小学”，是富裕起来的枣阳农村 1994 年普及九年义务教育时建的。而此时，聂海胜离开这个学校已有 13 年的时间了。

“海胜小学”不光建得漂亮，位置选得也好。学校交通便利，除樊庄村六个庄的适龄儿童外，郝店的一个庄、孙寨两个庄的适龄儿童也都在这所学校就读。聂海胜在以后的多次回乡探亲路过学校门前的时候，他都要长时间注目自己的启蒙学校，他心里在想什么没人知道，但从他的眼神中可以看出，他对眼前的学校太羡慕了。看到眼前的学校，他是不是又想起了当年的那两间破窑屋呢？

当聂海胜听说，他童年就读的学校被命名为“海胜小学”，他高中就读的班被命名为“聂海胜班”时，心里很是不安。他坚决不同意用他的名字来命名他所就读过的学校，认为这样做不合适。他多次与家乡的领导和有关部门通电话，也曾与到北京慰问他的家乡领导们面谈此事，说明自己的想法，表明自己的心迹。他真诚地对家乡领导说:“昨天的只能说明昨天,明天应该重新努力。成绩属于家乡,属于部队;荣誉属于祖国,属于人民。”

来北京慰问聂海胜的家乡市委领导,一见到他就紧紧握住他的双手说:“你为家乡争光添彩了,家乡枣阳因你名扬天下。你感动和鼓舞了家乡无数的人,你是家乡人民的骄傲和自豪。樊庄小学更名为海胜小学的事,你就不要再推辞了。”见到家乡的一行领导,聂海胜备感亲切也很激动,但对家乡领导对自己的赞誉,他表现出很淡定。他真诚地回答家乡领导说:“过去很多方面感觉做得还不够,今后自己更须努力更要严格要求。以我的名字命名家乡学校的事,我无论如何不会同意。”

家乡的领导看聂海胜在成绩和荣誉面前很冷静很谨慎,感到高兴的同时也感到很为难。樊庄小学更名为“海胜小学”是家乡人民的愿望,是领导集体研究决定的,已被家乡的报纸、电视等新闻媒体报道过,只好半开玩笑半认真地回答聂海胜说:“民心难违呀!家乡政府只是做了一件得民心、顺民意的事,希望你能理解和支持家乡的工作。”

聂海胜认真地回答说:“我很愿意配合和支持家乡的工作,但以我的名字命名家乡的学校我坚决不同意。樊庄小学属于樊庄人民,我永远是樊庄的一员,我永远是从樊庄小学走出的一个学生。我能有今天的进步除了我个人的努力外,主要是党的教育、家乡和部队养育培养的结果,我不希望过分地宣传我。”

最终,樊庄小学没能改成“海胜小学”。樊庄小学改“海胜小学”的事只是成为一段佳话,成为一段历史。虽然,樊庄小学还是樊庄小学,但在当地人民群众的心目中已变成了我们的“海胜小学”。如今,“海胜小学”,聂海胜精神,在英雄的家乡已深入人心,成了当地一个鼓舞人心的精神品牌。百万枣阳人民把聂海胜看成是家乡的荣誉和骄傲,为家乡走出了一个能飞上太空的航天英雄而感到无比光荣。

从樊庄这个偏僻乡村小学校里,走出了一个飞上太空的航天英雄、“感动中国”的新闻人物,他给这个学校增添的不仅是荣誉和名气,更多的则是潜在的信心和坚韧。

聂海胜走出“海胜小学”28年后的2005年10月，和战友一起驾神舟六号飞天成功。在北京大学哲学系欢庆的学生中，有一个刚入校不久的新生显得尤为激动，他就是来自湖北枣阳的徐勇军。

徐勇军不仅是聂海胜小学的校友，而且还与海胜是同一个行政村的，他的家徐庄和聂庄两个村子是近邻，徐勇军不停地对他的老师和同学们说：“很小的时候，我就听到过很多聂海胜的故事。”从“海胜小学”走出6年的徐勇军，是2005年9月从襄樊四中考入北京大学的。

是的，聂海胜不居功不骄傲，如他自己所说的：“我永远是从樊庄小学走出的一个学生。”家乡和母校永远在学生心上，无论学生做出多么惊人的成绩，分子与分母不能颠倒。

未来的“海胜小学”，还能出现什么奇迹，现在很难预料。但有一点可以肯定，从“海胜小学” 走出的航天英雄、“感动中国” 的新闻人物聂海胜，对这个乡村学校、对这个偏僻村庄今后产生的影响一定是巨大的。

严父慈母

1964年农历九月十三日，航天英雄聂海胜出生于湖北省枣阳市杨垱镇樊庄村。

20世纪60年代，位于枣阳市西北角的杨垱镇，由于偏僻闭塞，土地瘠薄，常年缺水，是一个自然条件较差的乡镇。樊庄村又是杨垱镇最为贫困的村落之一。

樊庄行政村由聂庄等六个自然村组成。聂庄是当地一个很普通的村庄，村里除两户张姓外，其余都姓聂，祖上属于同一个家族。

村西有一条河，河水绕村半周缓缓地向西南方向流去。这条河除了在石桥下游形成一个水面外，说它是一条沟应该更准确些，由于上游没有多少水源，天旱缺水的时候，沟总是干涸的，遇到洪灾的时候，它又总是泛滥。村中间有一个堰塘，堰塘边有一口水井，全村人都饮用这口井里的水。

聂海胜兄弟姐妹八人，上有五个姐姐，下有一弟一妹，他排行老六。聂海胜的父亲聂云华，是村里有名的种地能手，虽然在新中国成立前只上过两年私塾，但算盘打得好，记账算账，读书读报，文的武的都能来。由于他为人耿直，性格刚烈，老辈和同辈人称他“刚子”，晚辈人称他“刚子叔”，他在村里担任生产队长多年，是全村人的主心骨。每天一早一晚，他要在村子里转一圈，查看地里的庄稼，谋划村里的生产，为全村人的生产和生活操劳，直到1980年2月病逝。

聂海胜的母亲张金秀，勤俭耐劳，待人和善，在村里几十年从没与人红过脸，长年累月忙了地里忙屋里。遇到灾年家里偶尔断炊时，她宁可自己一口不吃，也要想法让丈夫和孩子们吃饱。每天早上她第一个起床，做好早饭，然后再到田间劳作，从地里回来还要喂猪，放出鸡鸭羊等，一年四季忙得好似风车一般，她完全可以称得上是中华民族典型的贤妻良母。2004 年 11 月，辛劳一生的英雄母亲突发脑溢血中风偏瘫，后又不能说话，长时间躺在病床上。聂海胜和战友费俊龙一起，密切配合圆满完成航天飞行任务胜利凯旋时，老人家面对电视机虽说不出一句话，却止不住喜泪直流。

农家历来重男轻女，聂海胜家也是一样。20 世纪 60 年代的鄂北农村，由于经济文化发展程度不高，传统的重男轻女思想依然根深蒂固，每个家庭都希望能生养几个儿子。要是哪家光有姑娘没有儿子，不仅被人瞧不起，还会被人背后说闲话。

聂海胜的出生，给这个光有姑娘没有儿子的家庭带来无限生机。海胜的父母在感到喜悦的同时，也感到十分自豪。父亲特别喜爱海胜，农闲或过年过节时，外出串亲戚走朋友总要带上他。但对海胜从不娇惯，打小的时候各方面对他要求很严，特别注意对他品德的培养，遇到海胜任性惹事的时候，对他罚站打屁股也是少不了的。海胜的母亲，从小到大虽没有打过他，但对他从不溺爱，遇到海胜有过错的时候，对他也从不护短。

童年的海胜，在村里的小伙伴中就显得很有个性。他特别懂事能吃苦，遇事爱动脑筋，性格活泼好动，平时喜欢和大娃们在一块玩。像很多少年儿童一样，他也十分贪玩，堆雪人、打雪仗，爬树、掏鸟窝，抓特务、捉迷藏，推铁环、打陀螺……样样都玩得很精，玩起来常常忘记回家吃饭。村

聂海胜夫妇和母亲张金秀在一起

里他童年的伙伴和老辈人，对他从小就好打赤脚的印象都很深刻。说他小时候，经常光着一双脚满村子奔跑。

夏天里，伙伴们都喜欢玩水，在水里打水仗，一玩就是半天。海胜在水里也很活跃，蛙泳、蝶泳、仰泳、自由泳、踩水、扎猛子等都很厉害。分班打水仗时，大他五岁的聂金山，总是先挑海胜和他在一班。海胜在水里像条鱼一样窜得很快，一会钻到这一边，一会钻到那一边，一会又潜到水底下。海胜在哪一班，哪一班总是胜方。

不知啥时候，海胜还学会了跳水。从石桥上一个鱼跃跳起，形成一道弧线轻巧自然地钻入水中，入水时浪花和声音都很小。小伙伴们都只会"跳冰棍"，即站在桥上垂直往下蹦。看海胜轻巧自然地想朝哪跳就朝哪跳，像在空中飞一样，大家都很羡慕。堂哥聂海远，大海胜两岁，很想跟海胜学跳水。结果，连续学了十多天，只学会个背跃式跳水，即背向下跳入水中。

这天中午，海胜和几个小伙伴又悄悄来到了石桥准备打水仗。刚嫁到他们村他们都喊花婶的新娘子，正一个人专心地在岸边洗衣裳。不知谁提出，装水猴子吓唬吓唬这位新娘子。他们脱掉衣服，在头上和脖子上缠些水草，在脸上身上抹些黑泥，从上游悄悄往花婶身边游去。海胜扎猛子潜水，潜得又快又准，还没有声响。当他高叫着从花婶面前猛地钻出时，毫无思想准备的花婶吓得一哆嗦，半天回不过来神，气得花婶拿起棒槌要打他们，他们转身钻到水中就不见了。

这天晚上海胜挨打了，父亲边打他屁股边对他说："花婶是长辈你们应该尊重，就是不是长辈你们也不应该吓她。人吓人吓死人，正晌午头上远近无人，你们突然从水中钻出，把花婶吓病了咋办？做人要懂礼貌，要讲温良恭俭让。你在外面惹是生非，人家要戳我的脊梁骨，说我这个当爹的没把儿子教育好。人前人后，你妈也要落不是，人家会骂你是有娘养的没娘教的。"海胜认错后，父亲又让母亲陪着海胜去花婶家赔礼道歉。当会计的小爹，有些生气地对海胜父亲说："小孩子哪有不顽皮的呢？长大了自然就听话懂事了。"海胜的父亲却坚持自己的观点说:“对小孩的教育就该从小从严。”

一天,天一擦黑,海胜和几个小伙伴割草回来,路过郝店村西瓜地边,路旁堆了一堆西瓜,海胜看小朋友们一人抱了一个,没顾上多想也抱了一个跑回家中。妈妈批评他说:“做人要有志气,咱有就吃,没有就不吃,你把瓜给人家送回去。”

父亲十分生气,脱掉鞋就要打海胜。本家小爹聂云定拦住他父亲说:“多大个事呢？不就是个西瓜吗？顺手拿个瓜果吃,谁小时候没干过呢？娃们还小不懂事,偷个瓜吃算个啥呢？”

海胜的父亲却不这样看,他认为俗话说的“小时候偷人家一根针,长大了就有可能偷人家金”,这句话就是告诫天下做父母的,对子女从小就要严格要求,不光要培养子女会做事,更要培养子女会做人。一个家庭,最重要的就是要树立一个好的家风。最后,父亲坚持陪海胜一起把瓜给人家送了回去,并向人家认错赔礼道歉。

每年正月,父母都要安排海胜和姐姐们结伴上门去给亲戚长辈、前后院邻居和帮助过他们家的人拜年,让他们从小懂得亲情和感恩。

海胜的弟弟聂新胜出生的时候,海胜已 10 岁了。弟弟满月待客时,父亲请了海胜的大爹小爹,还请来了樊大海叔叔等亲朋喝满月喜酒。席间,酒过三巡、菜过五味之后,高兴的父亲让海胜出来给长辈们敬酒。

海胜给小爹敬酒时,小爹先给海胜夹了一个鸡腿吃。接着问他:“海胜,你长大了干什么？”

海胜脱口而出:“我长大了当兵。”

“到哪当兵？”

“到北京当兵。”

一问一答,引来满桌子大笑。看着聪明伶俐的海胜,小爹收住笑后说:“海胜人小志气大,长大了一定有出息,美中不足的就是人长得黑了点。”

海胜的大爹却说:“别看海胜长得黑,说不定长大了还能娶个北京的妞呢？”

又是一阵哄笑。

在良好家风的熏陶下，经过学生时期的艰苦努力，海胜打下了坚实的文化基础。应征入伍参军到部队，从中国人民解放军空军某航空学院毕业后，很快成为一名优秀的飞行员。

结婚成家时，在南昌空军某部服役的海胜，没有娶北京的妞，而是娶了一位南昌的妞。名叫聂婕琳的南昌姑娘，和海胜结婚时也在南昌空军某部服役，是南昌空军某医院的一名护士。

这位既是军嫂又是军人的南昌姑娘很优秀，她在圆满完成自己工作任务的同时，当好海胜的贤内助，生活上关心海胜，工作上支持海胜。海胜圆满完成太空飞行任务，成为航天英雄、成为“感动中国”的新闻人物后，多次谈起自己的母亲、妻子等亲人。聂海胜不止一次深情地说：“我能和战友一起圆满完成太空飞行任务，离不开妻子聂婕琳的支持，我的军功章，理应有聂婕琳的一半。”

聂婕琳却总是很认真地说：“海胜的军功章，应该有他父母的一半。”

小学篇

童年的艰苦经历和在艰苦环境里养成的性格，是我终身的财富，这笔财富是无价之宝。它为我学生时期圆满完成学业，参军以后当好一个兵、当好一个飞行员和宇航员，奠定了坚实的基础。童年品尝的艰苦，使我终身受益。

——聂海胜

开学第一课

聂海胜从上育红班到小学五年级，开学的第一课，不是学语文，也不是学数学，而是和同学们一起和泥巴，脱土坯，捡砖头，先给老师垒讲台，再给自己垒课桌和凳子。

这事现在讲起来，不仅城里小朋友没听说过，就连农村小朋友也大都没听说过，最起码在枣阳的农村二十多年前已经没有这种现象了。聂海胜直到上初中，虽说不垒讲台和课桌了，但凳子还是他们自己动手用土坯和泥巴垒的。

农村的娃上学晚，海胜到7岁时才开始上育红班。徐庄村头窑上的那两间破茅草屋，就是海胜的启蒙学校。

上学的那天早上，天空刚现出玫瑰色的彩霞，海胜就早早起床了，穿上妈妈早给他准备好的新衣裳，在自家院里跑出蹦进，等着大他两岁的五姐聂道勤带他去上学。

其实，海胜的新衣裳，是妈妈用姐姐们的旧衣服给他改制的，只是浆洗折叠得干净整齐些而已。一墙之隔的花婶家的小花猫，不知是看他今天显得格外精神，还是提醒他今天不要穿新衣裳，跟着他咪咪地叫个不停。

果然，五姐起床后很认真地对他说："新衣裳今天不能穿，这几天要脱土坯，要和泥巴，带劳动工具就行了。"

此时的海胜最听五姐的话，因为上学报名时要数的100个数，就是五姐教给他的。他立即换上旧衣服，拿起一个小脸盆跟着五姐出门了。

学校——即窑上那两间没有门窗的茅草屋,聂海胜并不陌生。

一路上,聂海胜一直跑在五姐的前面,满脸喜气洋洋。

知道自己已是学校的学生了,这天的小海胜表现得格外听话懂事,站在那儿既不乱跑,也不与小朋友们嬉笑,专注着老师的安排。小海胜憋红着脸背完100个数后,仍规规矩矩地站在老师面前。

7岁的小海胜,看上去又黑又瘦,但个头不算矮,一双亮闪闪的眼睛显得很有神气。

慈母般的周玉凤老师喜欢每一个来上学的小朋友,她拉起小海胜的手问道:“上学头一天,大家都穿新衣裳了,你怎么没穿,妈妈没给你准备吗?”

“准备了,五姐说不能穿,开学头几天要和泥巴,垒课桌。”小海胜认真地回答着周老师的问话。

看着小海胜满脸小大人般庄重的样子,周老师笑了。

对垒课桌学校是这样安排的:高年级的同学带着低年级的同学们干,育红班的同学可先在一边看,也可先回家等课桌垒好了再来上学。

聂海胜,一个还未满7岁的儿童,既没在一边站着看,也没有先回家,而是主动地上前帮姐姐端水、提泥巴。大同学们干了几天,他跟着干了几天,直到把讲台、课桌和凳子全部垒好。自己动手,创造自己的学习条件,是聂海胜上学的第一课。

当时,窑屋就是他和伙伴们的乐园。他曾多次在窑屋里跟村里的大娃们一起捉迷藏、讲故事、猜谜语、说笑话、打仗。打起仗来,满屋子乱爬乱钻,从屋内打到屋外。刚从屋后的窗子爬出,一转身又钻进房下面的窑洞里了,不一会又从窑顶上拱出来,玩起来把一切都忘记了。常常是看到天上出星星了,才知道回家。窑屋,成了海胜童年的乐园。在这里上学,海胜并不觉得委屈。

转眼,海胜该上小学三年级了。

开学了,海胜和同学们一起像过去一样,先垒讲台,再垒课桌和凳子。这时,他已是垒讲台和课桌的老手了。只见他很熟练地一边干一边给同学们讲,讲台该垒多高，应该几块砖起脚，课桌怎样抹光，凳子比课桌矮多少。重活累活，他总是抢着干。他还尝试把牛屎掺黄泥巴拌匀，糊在课桌和凳子面上。桌面和凳子不仅平滑光洁，而且还隔潮，有利于健康。牛屎干涸后，一点臭味也没有。这一做法，得到了学校的肯定和推广。

这天，刚开始干活，一个同学不小心将铁锹把碰到海胜头上了，他两眼直冒金花，疼得蹲在了地上，头上当即起了个包。

碰他的那位同学，过去玩"牤牛顶战"顶输了曾和海胜他们打过架。和海胜要好的老玉、老强等几个伙伴，围过来要找那个同学算账。

一看要打架，那位同学的小伙伴们也不示弱，当即都站到了前面，挥起拳头摆好了阵势。海胜急忙站在大家的中间，拦住他的伙伴们说："都别动手，算了算了，我看他也不是有意的。"那位同学也一脸愧疚地连声对海胜说："对不起海胜，真的对不起，我的确没有看到。"

一场一触即发的群架，由于海胜的宽容，当即平息了。海胜还和大家商量好，不许让老师知道这事。海胜怕老师知道这事，让他回家休息，他不能和大家一起垒课桌了。

后来，周老师还是知道了这件事，和蔼可亲的周老师把同学们召集在一起，先是表扬聂海胜能吃苦爱劳动，课桌垒得又快又光。接着，又表扬聂海胜主动制止了一场打架事件，对同学讲团结讲友爱。

那个年代，城市里的小朋友们学习条件好，学校里桌子凳子和体育设施齐全，一开学就可以上课读书。聂海胜童年的学校，连起码的桌子凳子都没有，各种体育设施就更谈不上了。

聂海胜和他的童年伙伴们，开学第一课必须要劳动，自己动手准备自己的桌子和凳子。想来，也挺有趣的。

最后，周老师语重心长地对同学们说："劳动最能锻炼人，劳动是最光荣、最有意义、最伟大的事。生活靠劳动创造，幸福也靠劳动创造。积极参加劳动，劳动能力强的人，将来一定是有出息有作为的人。"

和泥巴、脱坯、垒课桌、垒凳子，是繁重的体力劳动，聂海胜不怕苦不怕累不怕脏，从小学一直到初中都积极主动地参加这一劳动。同时，从小到大每逢星期天和寒暑假的时候，他都积极参加生产队的劳动，就是他后来参军到部队、军校毕业当军官了，每次休假回乡也都挤时间参加劳动，帮妈妈耕种自家的责任田。事实上，聂海胜在很小的时候，在还没有上学以前，就在家里和生产队里参加力所能及的体力劳动。

劳动对聂海胜来说，不仅是开学的第一课，也是人生的第一课。正是由于他圆满地完成了这一课，取得了这一课的出色成绩，后来在人生的道路上才步步辉煌，最终取得了人生的出色成绩。

第一次到聂海胜的小爹聂云定老人家里，我看到了一口一人多高的圆形泥缸。缸的直径比门要宽得多，高度也高出门框很多，显然，缸是在室内就地动手糊的。泥缸的腰围和高度都远远超过北京故宫里的那两口大铜缸，如果有办法把这口泥缸从房子里搬出去，再运到北京故宫，它或许会成为故宫一个新的看点。我惊叹，完全依靠手工和当地的泥巴，这口大缸是怎样糊出来的，又是怎样糊得这样结实、这样圆、这样光洁、这样精致的。

"是装粮食用的。"聂海胜的小爹指着大缸又对我说，"是我家海远和海胜兄弟俩糊的，是海胜的主意。海胜糊大缸利落得很，村里很多家糊缸都喊他去帮忙。"老人家还告诉我，在聂庄这样的大缸家家都有，很多家比他家糊的还要大。

富地方样样都有，穷地方总是样样都缺。改革开放农村分田到户后，家家都要准备粮仓，这一带缺木料不可能做木制粮仓，缺柴火又没有煤也不可能烧瓷缸，这里有的就是黄土。穷地方的人历来坚韧，穷则思变，在困难面前总有办法。分田到户的头一年，党的好政策激发出农民种田空前的积极性，这一年又风调雨顺，家家粮食堆成山。优秀的初中毕业生聂海胜和他的堂哥聂海远，借鉴用泥巴糊课桌和泥凳的做法，就用黄土和成泥巴，在泥巴里面掺拌些麦秸和牛粪，率先在自己家里糊成巨型大缸，糊出来的大缸当粮仓不仅防潮，还能防老鼠，既经济又实用。仿佛是一夜之间，这样的大泥缸在聂庄、在樊庄和周围的村庄流行起来。

开学第一课——劳动，奠定了聂海胜人生成功的基础。

劳动不仅使人坚韧，也使人聪明。童年的生活环境越是艰苦，长大后释放出来的能量可能就越大。海胜从劳动中获得智慧，如课桌与凳子的比例，对圆形泥缸直径的把握，这些都涉及数学知识。

童年在艰苦环境里得到的锻炼，是人生的一笔宝贵财富，聂海胜成长的经历证明，从艰苦环境走出来的人，得到提高的不仅是体质、意志和信心，还应该有能力与智慧。

风 雪 天

大雪，漫天飞舞，纷纷扬扬下了一天一夜。放眼望去，村野变成一片洁白的世界。

这是一个星期一的早上，上小学一年级的聂海胜，像往常一样背起书包去上学。

刚走出院门，妈妈张金秀从屋里撵了出来，拉起海胜的双手放在自己胸口上，用商量的口气对他说："海胜呀，你看今天雪下得太大，你五姐感冒了不能给你作伴，大清早的路上连个人影都没有……"没等妈妈说完，海胜抢着说："不！妈妈，老师没说过今天放假，我得赶紧去上学。"

妈妈拉住儿子的手不放，继续与他商量："要不让你爹去给老师请个假，等明后天天晴了咱再去？""不行！ 我要去上学 。"海胜走了两步，又转身朝妈妈招招手："去晚了我要迟到了，您快回屋吧，妈妈。"

看着风雪中的儿子艰难地往学校走去，聂妈妈又是心疼又是高兴。海胜从小勤快，活泼好动，不怕吃苦，在家里是个既懂事又听话的好孩子。可有时性格却很倔，像他父亲聂云华一样刚强坚定，做事有自己的主见，只要是认准的事，困难再大也一定要坚持做到底。

直到海胜拐弯走远，看不到儿子了，聂妈妈才从雪地里回屋。

刚出村口，海胜就被迎面吹来的一阵冷风袭得打了一个寒噤，他挺了挺身子，坚定地往学校走去。路上的雪足有半尺多厚，冷飕飕的寒风像针、像刺，扎着他的脸，锥着他的手。他毫不畏惧，滑倒了，就爬起来，再滑倒再爬起来，拍打掉身上的雪继续朝学校走去。

路过樊庄的时候，海胜碰到了起早到牛屋喂牛的樊大叔。樊大叔叫樊大海，小的时候和海胜的父亲一起上过两年的私塾，是他父亲的同学，也是他父亲终身的好朋友，海胜经常在樊大叔家里玩。樊大叔看到小海胜一个人在风雪地里一步一滑地去上学，急忙上前拉住他一起走。

面对着大雪覆盖的原野，樊大叔喜悦地对少年海胜说："好雪呀！瑞雪兆丰年。这下的不是雪，这下的是麦子，是白面呀!明年你娃子就有白馍馍吃啦！"

农民最盼望好年景，虽在风雪地里，说完，樊大叔一个人哈哈地大笑起来。

"瑞雪兆丰年？"小海胜头一回听到这话，忙问樊大叔，"为什么瑞雪兆丰年呢？"

樊大叔看着小海胜一天天长高，从小就打心眼里喜欢他，高兴地向他解释说，这场大雪就像一床厚棉被盖在了麦苗上面，既能抵挡住滚滚寒风，使小麦暖暖和和地过冬，又能冻死地下的害虫，天暖雪化时还可以浇灌小麦。使冬春天总是缺墒的小麦，及时得到滋润。瑞，祥瑞也。所以，人们称应时的好雪为瑞雪兆丰年。海胜歪着脑袋睁大眼睛倾听着。

聂海胜来到学校时，周玉凤老师早已在教室里等着同学们了。周老师看到海胜的一双小手冻得像红萝卜似的，忙抓起来用自己的两手为海胜轻轻摩擦。站在旁边的樊富华见状，心疼地问他："海胜，你冷不？"小海胜笑着回答说："不冷，一点都不冷。"

这天一共来了六个同学，除了海胜是一年级的，樊富华等五位同学是二年级或三年级的。周老师语文、数学都教，汉语拼音特别好，歌唱得也很好。她对同学们既严格要求又非常关心，她把每一个学生当成自己的孩子一样看待。她的住房就在村口上，离学校很近，她的家就是同学们的家。她还经常给同学们补衣服、缝鞋子，只要她在学校，家长们都一百个放心。樊庄小学的学生和樊庄的乡亲们，对她都很尊敬，提起她没一个不啧啧称赞的。她年年被评为模范教师，有一年还在全区的大会上作典型发言，发言稿是区上专门安排一个叫徐贵所的干部写的，题目叫《窑洞开红花》。

这天中午，周老师看雪大路滑，就安排六个学生都在她家里吃饭，饭后继续上课。中午做饭时，周老师一边忙，一边给同学们讲《草原英雄小姐妹》的故事。海胜和同学们听得格外认真，听完了，海胜问周老师："草原在什么地方？很大吗？冬天比我们这雪下得还大吗？"

周老师告诉他："草原在我国的最北方，我国面积最大的草原就是内蒙古草原，冬天虽然特别冷，但是一个十分美丽的地方。春天来到的时候，那里遍地是绿草，蓝天白云下，有很多很多的羊群，还有很多很多的骏马。美丽的内蒙古还有很多自然资源，是我国北方一个面积很大的自治区。"吃过饭，周老师还把家里的《雷锋的故事》《鸡毛信》《刘胡兰》等小人书拿出来，分给聂海胜们看。

下午放学时，周老师把离学校远的同学，都送到各自的村口上。把年龄最小的聂海胜，一直送到家门口，看着他回家进屋。

不幸的是，这位对党的教育事业无限忠诚的农村基层教育工作者，这位深受樊庄乡亲们爱戴和学生们敬仰的老师，10年前像春蚕吐尽了最后的一丝一样，过早地因病去世了。

聂海胜特别怀念自己的这位启蒙老师。在他幼小的心田里，周老师总是那样和蔼可亲，总是那样不知疲倦。周老师不仅很早教他读书认字，帮他打开知识的大门，还很早就在教他怎样做人，树立理想。

周老师给他讲的《草原英雄小姐妹》《雷锋的故事》《董存瑞》《黄继光》《刘胡兰》等等，他不仅一直记在心间，还多次给自己的妹妹和弟弟、给村里的小朋友们讲这些故事。每讲一遍，他都增强一次记忆，每讲一遍，他的心灵也都受到一次洗礼。

捡 柴 火

聂海胜上小学的时候,正是祸国殃民的“四人帮”在中国横行的时期。

农村到处都在“割资本主义的尾巴”,“宁要社会主义的草,不要资本主义的苗”。贫穷加人祸,使聂海胜的家乡更加凋敝。

一个村加起来一年的收入只有千把块钱,90%以上的家庭,一年干到头结果还是“超支户”。那时候一亩小麦只能收百十斤,挂坡地只能收几十斤。春天,青黄不接的时候,很多家一天只做一顿饭。1975 年那一年,全村人均口粮只有九十多斤,仅够全年口粮的四分之一。粮食不够吃,只有吃红薯、南瓜、野菜。那一年还不是最差的年景,最差的时候不少家吃刺脚芽、槐树花、榆树叶。

娃们饿得可怜,放学回来走到豌豆地旁,一个个像牛一样趴在地里啃豌豆秧。只要“棒子队”不来,看地的总是睁一只眼闭一只眼,让娃们多啃两口。

大河有水小河满,大河无水小河干。村里已是这样的光景,家大口阔的海胜家能好过吗?

连绵的秋雨下了半个多月还不见停,海胜家因实在没有柴火烧了,已经一天没有开火做饭。虽然肚里饿得咕咕叫,但懂事的小海胜像姐姐们一样咬牙忍着,没在妈妈面前吭一声。孩子们饿不饿妈妈最清楚,第二天中午,聂妈妈把家里的一个扫地用的扫帚把拆了,又把家里的一个床腿拆下来劈碎了,用这些柴火给一家娃子大人做了一锅红薯糊糊。

开门七件事——柴米油盐酱醋茶。把柴放在第一位,是因为柴象征的是火。

火，在人类文明的发展史中，具有极其重要的意义。自从认识并学会了使用火，人类便脱离了茹毛饮血的蛮荒时代，进入到了文明的发展阶段。火也成为了人们生活中必不可少的一个重要组成部分。由此可见，柴在生活中的重要性。

儿时的聂海胜，记忆中最多的事就是捡柴火。

他那时上学和很多同学一样，出门常常要带上一个小箩筐，被称之为带筐的学生。上学放学的路上，看到什么捡什么，路边的杂草、树叶、树枝、麦秆，只要能烧，捡到筐里都是柴。放学回家，一定要捡一筐柴火带回家里。夏天放暑假了，做完暑假作业，主要任务就是捡柴。伙伴们俩仨一起，带上镰刀、耙子和箩筐，见到荆棘砍荆棘，见到艾蒿砍艾蒿，能砍的砍，能搂的搂，手脚砍伤碰破是常有的事。麦秆蔸，在好多地方是弃之不要的，在他们那里都要把麦秆蔸挖起来，晒干打净留着当柴火的。

到深秋，没有柴火可捡了，但家里过冬的柴火又不够，海胜常常跟着本家的哥哥聂海远一起到较远的地方挖茅草根。挖一下午回来，也只能挖个八九斤，晒干了也就是二三斤的样子。

有一天晚上，突然刮大风，海胜的爸妈急忙起床，出屋收拾院里晒的柴。当两位老人和海胜的姐姐们来到柴堆跟前时，看到海胜已趴在柴堆上面了。他怕柴被风刮跑了，伸开两臂和两腿成一个大字形，像老母鸡护小鸡一样护着身底下的柴。搬完柴进屋，妈妈看到小海胜身上和双腿上，被杂草和树枝划了很多小血口，心疼得直咂嘴，搂着他直掉眼泪。

小海胜轻轻地推开母亲说："妈妈，你不要老是这样护着我！我是家里的男孩，我应该多为家里分些忧！"

爸妈的心里像喝了蜜一样甜，海胜的话虽带着几分幼稚和倔强，却让他们感到儿子长大懂事了，有志气了。

那年头，枣北农村普遍缺柴火，枣北各学校勤工俭学的主要途径，就是组织学生捡柴。80 斤至 100 斤不等，可以抵一个学期的学费。海胜有几个学期，就是通过捡柴的办法凑够自己的学费的。

割杂草,砍野棘条,挖茅草根,对 10 岁左右的海胜来说已经是很平常了。在海胜上育红班之前五六岁的时候,已经开始跟着他的姐姐们和村里的小哥哥们一起捡柴火了。事实上,那个时候海胜除了捡柴外,还经常背着粪筐捡粪,参加队里的拔草等劳动。很早,他就在为家里挣工分 。

在没有幼儿园的地方,五六岁本应该是在睡梦中微笑,在大树底下玩耍的时候。在贫穷的年代,贫穷的地方,贫穷的家庭里,聂海胜却过早地背起了粪筐,牵起了耕牛,拿起了镰刀……

20 世纪 60 年代的中国农村,条件普遍很苦。

与同时期农村孩子比起来,由于当地自然环境差、家大口阔、父亲早逝的原因,聂海胜的青少年时期就要更苦一些。

聂海胜的童年,衣食住行条件样样都很艰苦。

与大家在一起研讨聂海胜的童年时,有一位朋友说得好:“童年的艰难困苦犹如一杯浓烈的苦酒,谁有勇气毅然饮下这杯苦酒,谁就等于拥有了日后享受甘甜的几率。”

还有朋友说:“谁有幸在人生的起始阶段尝够品足这杯苦酒的滋味,谁就足以在其后的人生长河中驾驭困难,战胜困难。”

艰难困苦,玉汝于成。艰苦,可以磨炼人的意志,强化人的抗力,增长人的睿智,丰富人的内涵,童年的生活环境越是艰苦,长大后释放出来的能量可能就越大。

磨难是弱者的万丈深渊,却恰是强者的垫脚石!一切艰难险阻,在给我们增添压力的同时,也在磨炼我们的意志,强大和丰富我们的内心。

聂海胜童年经受的艰难困苦,在艰苦环境里得到的那些弥足珍贵的体验和历练,也将成为生活里最宝贵的馈赠,成为他人生的一笔宝贵财富。

“只有经过地狱般的磨炼,才能有创造天堂的力量。”

正是童年的艰苦,造就了聂海胜藐视困难、抗击困难、战胜困难、百折不挠

聂海胜进入模拟太空仓

的英雄个性。正是童年的艰苦,成就了聂海胜后来的辉煌人生。

孟子说:“天将降大任于斯人也,必先苦其心志,劳其筋骨,饿其体肤……”磨炼对人生来说,就如同你经历了一场大火,要么化为灰烬,要么冶炼成金。

撵 兔 子

1974年2月,春寒料峭。刺骨的寒风,在中国大地上从北吹到南。又一场人为制造的灾难,像不受欢迎的暴风雪一样,铺天盖地而来,沉重地压在无数人的心头。

河南省唐河县马振抚乡一个女学生因厌学跳堰自杀了,这是任何一个学校和老师都不愿看到的事。如果说是责任事故追究有关人员责任,涉及法律的依法处理,惩处责任人,从中吸取教训,以免类似事件再次发生也就算罢了。可唯恐中国不乱的"四人帮",借此制造了一个惊天动地的"马振抚"事件,在全国掀起了一场来势凶猛的政治风波。

接着又声势浩大地在全国宣传"交白卷英雄"、"反潮流战士"。似乎在引导学生,只要造反,不要学习;只要"革命",不要知识。一个民族,不引导自己的青少年刻苦学习、积极向上,不去用知识和文化武装和丰富青少年一代的头脑,这是多么可怕和危险的事情呀!

仿佛是一夜之间,学校不知道怎么抓教学了,老师不知道怎么教学生了,好多人处于迷惘之中。

当时,聂海胜所在的学校,开始老师们天天给学生读报纸,后来到学校看不到老师了,听说老师们被集中到公社参加政治学习班学习去了。那些天,聂海胜和同学们,大部分时间是高年级的同学带着他们在教室里读报唱歌。同学们想来就来,想走就走,学校几乎"放羊"了。

一天,刚上课不久,聂海胜正专心在读语文课文,同学樊华强把他连人带书包从教室里扯了出来,贴身附在他耳朵旁小声对他说:“走吧,撵兔子去。”

“行吗？老师回来了咋办？”聂海胜边说边摇头。

“就你胆小,告诉你吧,我们已撵了几天了！”樊华强不管三七二十一,边说边拉他跑。

想到教室里反正也没上课,又没有老师,聂海胜就犹犹豫豫地跟着樊华强出来了。

路上樊华强告诉他,撵兔子都必须听樊富华的,有十几个同学参加,还有几只狗帮忙撵,撵的兔子大家平分。樊华强还很神秘地告诉海胜,他已分到两只兔子了。

撵兔子太刺激了。不知不觉中太阳落山了,一直到天黑得看不清人的时候,他们才在一个同学家里集中。这天,16 个同学撵了 5 只兔子不好平分,年龄大些的樊富华决定,5 只兔子不分了,添几个萝卜炖炖大伙一起吃。对这一决定,大家都拍手称快。

当兔子肉快要炖好,兔子肉的香味令大家急不可待的时候,一个细心的同学提出:“如果一人一双筷子,有的夹到大块有的夹到小块咋办？有的夹到肉有的夹到萝卜咋办？”

这个问题提得太具体了,关系到每个人的利益,又迫在眉睫,大家不约而同都瞅着樊富华。樊富华还没说话,有人提出把灯吹灭,谁夹到啥吃啥,直到吃完。聂海胜提出建议说:“让年龄小的同学先夹。”

几个年龄小的同学,看着海胜直乐。樊富华一挥手:“就按海胜说的办,每一轮让年龄小的先夹,谁夹到啥吃啥,直到吃完为止。”

撵兔子尝到了甜头,加上没有老师和学校管。上小学二年级的聂海胜,那两天撵兔子入迷了,只要樊华强一喊,他站起来就跟着走。

两人走走跑跑,你撞我一下,我碰你一下,说说笑笑显得开心极了。

这天,聂海胜分到一只兔子,一脸喜气地往村里走。路过与他家一墙之隔的本家小爹聂云定门口，看小爹和花婶正在院里洗红薯。海胜先是很神气地将手里的兔子在小爹眼前晃了晃，接着又很神秘地对小爹和花婶讲了这些日子跟大家一起撵兔子的事。末了叮嘱小爹说：“等海远哥回来了别忘了告诉他，让他晚上到我家吃兔子肉。”

打小就喜欢海胜的小爹，听完海胜的话很严肃地对他说：“海胜啊！咱是学生，可不敢天天不上学背着老师整天在野外撵兔子，学生就是要好好读书，完成功课，只有把书读好了，等长大了才会有出息。”

花婶则骂他说：“你个舅子的不上学天天撵兔子，老子看你长大了卖烟去！卖烟都没人买你的！”

说归说，骂归骂，看着海胜拎着兔子离去的背影，海胜小爹也很着急，像是对老伴又像是自言自语地说：“学校一连几天不上课，见不到一个老师的人影，正是玩耍的年龄，娃们不撵兔子干什么呢？”

说着说着，一个人叹息起来。在那个极不正常的年代里，哀声叹气，忧国忧民的，何止聂云定这个农民一人呢？

第二天黄昏，蹲在门口吸烟的海胜小爹，看到海胜两手空空，低着头回来了，就拦住他问：“海胜，今儿撵的兔子呢？”

海胜沮丧地回答说：“打夜影时才看到一只兔子，这只兔子跑得特别快，一转眼钻到树林子里就不见了。”

小爹反驳说：“不对，兔子跑得不快，不是说兔子没有乌龟跑得快吗？”

“兔子咋会没有乌龟跑得快呢？”海胜眨着眼不解地问。

“兔子就是没有乌龟跑得快！”说着，小爹给海胜讲了“兔子与乌龟赛跑”的故事。

一天，乌龟和兔子争论谁跑得快。它们约定了比赛的时间和地点，就出发了。兔子自恃天生腿快，对比赛毫不在意，认为自己睡一觉起来再跑，乌龟也撵不上自己，竟躺在路边睡觉去了。乌龟知道自己走得慢，一直往前，毫不停歇。当乌龟从兔子身边爬过去时，兔子还在呼呼大睡。结果，乌龟夺得了胜利，获得了奖品。

最后，小爹又语重心长地对海胜说："海胜呀！你们现在学习，就如同赛跑，不怕慢就怕站，只要不停地跑，就能先跑到终点。如果三天打鱼两天晒网，像兔子那样自作聪明，躺那儿睡大觉，永远也跑不到终点。"

这个故事的道理很简单，聪明的人如果懒惰，就会一事无成；愚笨的人如能以勤补拙，笨鸟先飞，持之以恒，不停地努力，也会获得成功。

海胜明白小爹是在劝自己不要再撵兔子了，应该回到教室里，用心学习，好好读书。

这天晚上，父亲严厉地批评了海胜，并向他发出了警告。母亲也苦口婆心地劝他说："你不是很想长大了像你长远大哥那样去当兵吗？你现在不好好学习，长大了没有文化，部队能要你吗？就是当上兵了，能像你长远大哥那样有出息吗？"姐姐们也都开导他，鼓励他。

听话、有志气的聂海胜，终于抗拒住了撵兔子的诱惑，说不撵就不撵，背起书包又上学了。

从这天开始，不管教室里人多人少，聂海胜总是像过去有老师在场时一样，认真地做老师留在黑板上的作业。有看不懂、弄不明白的题，他就主动找高年级的同学请教。他还把作业本带回家，请姐姐们帮他批改。在那一段时间里，聂海胜自己管理自己，自觉地在教室里，认真读书认真做作业，直到把老师留在黑板上的题做完为止。

当年，上小学二年级的农村娃聂海胜，遇到的撵兔子的诱惑，一点不亚于现在小朋友们遇到的电子游戏厅和网吧的诱惑。玩电脑对青少年极具吸引力，撵兔子对青少年同样具有吸引力。

聂海胜和樊华强等童年伙伴们，那时都痴醉于撵兔子，不仅把读书学习忘到了脑后，还忘记了时间，甚至饥渴。

撵兔子，撒欢，可以自由心身，对孩子们成长是有一定好处的。男孩子撵兔子，是挑战自己的体能与智慧，捉住兔子有成功感，更是一种有趣的游戏。偶尔为之,无可非议,但不能痴迷其中,影响甚至忘记学习。

青少年在成长的道路上,会不停地遇到各种各样的诱惑。聂海胜抗拒住了诱惑,战胜了诱惑,最终成了胜利者。

在争取胜利的征途中,很多人的理想夭折了最终失败了,不是因为起点低基础差,而是被这样那样的诱惑击倒了。

从某种意义上说,谁能抗拒诱惑、战胜诱惑,谁就能成功,谁就能成为最后的胜利者。

长大想当兵

青少年时期每个人都可能做过梦，有文学梦，有音乐梦，有当兵梦，有演员梦，有教师梦……

梦想，就是睡梦中对未来的想象或希望。理想，就是合理的有根据的比较现实的希望和追求。聂海胜从小的理想，就是想长大了当兵，想当一个像他大哥（本家堂哥）聂长远那样的兵。

聂海胜出生的那一年，初中毕业的聂长远，当兵离开了家乡。聂长远入伍参军后，由于学习积极，训练刻苦，严格要求自己，各方面表现突出，多次受到嘉奖，连续三年被评为“五好战士”，还被评为“一帮一、一对红”标兵，很快入了党提了干。一人参军，全家光荣。大哥当兵后，大娘家门口就挂上了“军属光荣”的军属牌。每年春节前，当队长的父亲都要陪着大队干部，还有大队的文艺宣传队，给大娘家打扫卫生，送对联年画，在大娘家门口演文艺节目。大哥成了村里的楷模和光荣，年轻人对他都很崇拜。每次大哥从部队给大娘家写信回来，海胜都要争着把信拿到手，跑着蹦着把信给大娘家送去。

聂海胜6岁这一年的春节前，大哥从部队回来探亲。看着身穿崭新的军装、脚穿黑亮的皮鞋、英姿飒爽的大哥，海胜羡慕极了。大哥头上的五角星和军装上的领章，鲜红耀眼，对海胜更具有吸引力。在小海胜的眼里，大哥是那样的高大英俊。海胜戴上大哥的军帽，高兴地从这一家跑到那一家。可能也就是从这一天起，海胜有了长大了当兵的理想。

一转眼大哥的假期到了。大哥归队的这一天，海胜跟着父亲和大爹小爹们一起，一直把大哥送到村口上。分手时，大哥又一次抱起了聪明可爱的小弟弟，与亲人们依依惜别。看大哥要走了，小海胜手摸着大哥军帽上的红五星，认真地问大哥："我长大了也能像你一样当兵吗？"

看着既天真又有志气的小弟弟，聂长远高兴地回答说："能，一定能！"笑了笑又补充说，"要想当兵，等上学时必须要好好学习。有了文化知识，将来当兵了才能为国防建设作出自己的贡献，部队就需要有知识有文化的战士。"

大哥的话，6岁的小海胜不一定完全听得懂，但有一点他记住了，要想长大了当兵，从小必须得好好学习。

聂长远在后来休假探亲时，给特别喜欢听故事的海胜，讲了很多雷锋的故事。雷锋的"钉子精神"，在学习上的钻劲、挤劲，海胜都牢牢地记在了心间。海胜长大些了，聂长远又从部队给弟弟带回了《雷锋的故事》《高玉宝》《狼牙山五壮士》等青少年读物。

聂海胜在空军某部当飞行员时，登机前的留影

一次休假在家的聂长远，应公社武装部长的邀请，参加公社武装干部实弹射击。长远大哥专门带上想当兵的海胜，让小弟弟看看枪，听听枪声。

海胜高兴极了，他对大哥说："能让我摸摸枪吗？"看大哥点头答应，他又要求说："能给我一颗子弹玩玩吗？"

看大哥摇着头说不行。小海胜心里虽然有点懊丧，但他很听大哥的话，知道大哥说不行就不行。

这次实弹射击回来，大哥聂长远送给海胜一颗手枪子弹壳，一支钢笔，一个

笔记本,还送给他一副领章和一个红光闪闪的五角星帽徽。

村里的小朋友听说后,都找海胜要看一看。海胜一边给小朋友们看,一边很自豪地说:“我大哥送给我的,我大哥在部队当连长。”

这天晚上,小海胜手捧着红五星,微笑着进入了梦乡。

理想,是心头燃起的希望之火。人有了理想,就有了追求。聂海胜从上育红班学汉语拼音圆圆嘴巴“OOO”、一个树叉“YYY”开始,不论是上语文课、数学课,还是其他课,他都认真听讲,认真做作业,从不放过一个难点和疑点。

小学老师们,对聂海胜的共同评价是,他在学校里品学兼优,各方面表现都很出色,特别遵守纪律,关心同学,很能吃苦,劳动时总是干在最前面。

聂海胜在学习上,特别专心用功,从一开始学习成绩就好,在同学们中一路领先。语文、数学成绩都很好,数学考试每次都是100分。他上小学四年级的时候,“数学王”的绰号就在同学们中喊开了。上初中不久,又有了“小老师”的绰号。

有梦想就有希望,有理想就有方向。梦想也好,理想也好,通过努力都有可能实现。实现理想的关键,就是要勤奋,要珍惜时间,要脚踏实地去行动。

小学毕业时,聂海胜数学获得100分,语文和其他课目的成绩也都是优秀。小学奠定的坚实基础,又经过初中和高中两个阶段的继续努力,1983年6月,应届高中毕业生聂海胜报名参加当年的“招飞”考试,以文化知识、身体素质、平时表现三个合格被录取。

聂海胜终于实现了儿时的理想,顺利考入了中国人民解放军某航空学院,从枣阳一中应征入伍参军,成了一名光荣的解放军空军战士。

看 大 戏

看大戏是枣阳民间早有的习俗。

在过去是指大户人家，也有出得起钱的庄户人家，还有的是一个家族或多家联合，在农闲或过年过节或有红白喜事要办的时候，请个大戏班子来村里搭台露天唱戏。戏台搭起，锣鼓一响，四面八方，三乡五里的人都来看戏，那场面是相当的壮观。

新中国成立后，文化底蕴深厚的枣阳，先后组建过曲剧团、花鼓剧团、文工团和豫剧团，各类文艺演出始终没有间断过。20 世纪 70 年代，每个大队都有毛泽东思想宣传队。到了晚上，真可谓“一去二三里，村村都有戏”。近些年创作演出的《刘秀还乡》获文化部文化创作奖，广播剧《满目青山》获文化部“五个一”工程奖。

已故老一辈无产阶级革命家、中顾委常委、最高人民检察院原检察长黄火青，生前回枣阳看家乡剧团唱戏时，总是边看边鼓掌边说好。

在聂海胜童年的时候，每当县里的剧团送戏下乡演出，乡下仍称之为看大戏。看大戏，是乡下最热闹的时候。当戏台开始搭的时候，卖日用小百货的，卖糖葫芦、捏糖人的，卖茶水、卖甘蔗的，炸油馍、蒸包子的，卖花生、卖瓜子的，卖风筝、卖琉璃不叮的，说媒、相亲的，耍猴的，说书的，算命的，看相的，呼呼啦啦都来了。童年的聂海胜和伙伴们，最高兴最开心的时候，就是看大戏。

大戏一演就是几天，这几天往往比过年还要热闹。

这一年的八月十五中秋节，大戏台在张庄搭起来了，可天公不作美，戏台刚搭好就下起了雨来。十七这天出太阳了，锣鼓刚一响，聂海胜和本家的海远哥，还有同村的聂金贵、聂金玉等小伙伴一起，就跑到戏场抢到了好位置。

秋收后的田野很空旷，广袤温厚的沃土上金风送爽。

随着一阵比一阵紧的锣鼓声，四面八方的孩子都在往这儿跑，接着大路上扛着板凳拎着水杯抱着孩子的人们络绎不绝。戏却总是要挨到点灯时才开演，每晚演两场，一演就演到半夜里。

戏散场了，大伙结伴离去，手电筒、马灯、火把一起亮了起来。从远处看，原野上就是一条条逶迤闪闪的火龙。

枣阳的戏在湖北是有名的。俗话说："枣阳的戏——好看的在后头。"戏演了两天，聂海胜和伙伴们没看够，像大人们一样，只嫌戏演得太短了。接下来，演《朝阳沟》和《智取威虎山》。那几天，兴奋的同学们一放学就赶快往回跑，吃过饭抓紧赶到戏场看热闹。

但聂海胜却不这样，而是像过去一样，放学了抓紧时间做作业，把作业做完再去安心看戏。

月色笼罩下的村庄、田野、丛林，显得朦朦胧胧，给人以神秘感。

突然，"叭……"的一声枪响，打破了冬夜的静谧。接着枪炮齐鸣，鼓乐震耳。

这是邻村正在演大戏，演到高潮处传来的声音。不远处的邻村，搭起了露天戏台，县剧团要来演大戏，海胜及时听说了也看到了，下午和晚饭后的闹台鼓，海胜也听到了。然而，此时的海胜却专心地在家里按照老师的要求复习功课。他为了安静，专心学习，特意用棉花把耳朵堵住。

聂海胜的同学们都知道，海胜特别喜欢看大戏，但在作业没做完和临近考试的时候，再好的戏他也不会去看的。堂哥聂海远明知道海胜不会去，晚饭后还是抱着试试看的心情去喊他。

聂海远到海胜家时，看到平时和海胜形影不离的樊华强和樊华忠也来约他了，想必海胜也许会跟他们一起去的。

谁知,海胜却坚定地对他们说:“再过几天就要期终考试了,今晚的大戏说什么我也不会去看的。学习是学生的第一任务,我们不能因为看大戏而影响学习。”停了停,海胜反过来笑着劝他们,“学生进入考试阶段,就像战士准备打仗一样,战前必须做好充分的准备。我建议,你们也不要去看戏了,我们一起抓紧复习,做好准备迎接期终考试吧”。

临考前去看戏,原本就有些犹豫的樊华忠,被海胜说动了。他认为海胜讲得有理,看大戏很吸引人也很有意义,但学生的第一任务是学习,不能因为看大戏而影响学习。于是,他坚定地和海胜一起,专心复习,认真准备,考试结果,双双都取得好成绩。

月亮,圆圆的。星星,闪烁着。静悄悄的夜晚,没有一丝儿风。

这是个暑假的夜晚,聂海胜和几个伙伴跟着他小爹一起到较远的张官营村去看大戏。走到后才知道张官营村没有唱大戏,而是在放映电影,放的是《万水千山》。

由于人太多,他们去得又晚,只好在银幕后面看背影。看完电影回来的路上,海胜不解地问他小爹:“为什么会有那么多的革命前辈牺牲呢?”

聂海胜的小爹聂云定,虽然在新中国成立前只上过两年私塾,但新中国成立后,1955年参军在北京当过三年兵,在村里也算是走南闯北、经多见广的人了。

听到海胜的问话,小爹想了想回答说:“因为那个时候,我们的军队还比较弱小。就是到后来我们的军队强大了,为了解放全中国还牺牲了很多人。1947年枣阳第一次解放时(枣阳经历过两次解放),临解放前,在我们聂庄就牺牲了一个解放军的侦察科长。”

接着,聂云定给几个孩子讲了这个故事。解放军窦科长带领两名战士化装执行侦察任务,为了掩护战友安全转移,子弹打完了,寡不敌众,英勇牺牲在聂庄村后小河边上。

那天中午,聂庄村的乡亲们目睹了英雄倒下的那一刻。国民党部队和当地的土匪武装刚撤走,乡亲们就主动把烈士的尸首,悄悄掩埋在一个安全的地方,并做上记号。

最后，聂云定深情地对聂海胜等几个小朋友说：“我们聂庄的土地，是被烈士的鲜血染红过的土地。你们作为聂庄的新一代，就应该好好读书，学有所成，继承革命烈士的遗志，长大了报效我们的祖国。”

看大戏，是枣阳农村的一种乡土文化，一种广大群众喜闻乐见的文娱活动。

聂海胜从中受到潜移默化的文化滋润的同时，也受到了心灵的培养和精神陶冶。大戏中唱的内容，不论是革命战争题材，还是当地民间流传的故事，都富有哲理和情趣。这些百看不厌、百听不烦的大戏，之所以能够深入人心，是因为它们来自生活。革命先烈窦科长，为了掩护战友，为了把侦察到的情报送出去，不惜牺牲自己的生命。窦科长的英雄壮举，在聂海胜的家乡，一代传一代，被人们一说再说，感动教育了很多人。

聂海胜是一个处处用心的人，又有理想有志气。革命烈士窦科长的英雄形象和他小爹聂云定当时讲的那番话，他都牢牢地记在了心坎上。平素言语不多的他，后来的行动不就是最好的证明吗？

小小数学王

聂海胜上小学四年级的时候,有了一个绰号叫"数学王"。

这一绰号传得很广,不仅当时全校的师生都知道,周围村庄的乡亲们也都知道。他为什么会有这个绰号,又为什么全校的师生和周围村庄的乡亲们都知道呢?

聂海胜上小学四年级是1976年。那时,他们学校有五个年级五个班,各班人数不等,全校学生300多人。学校的几个数学老师,为了培养同学的学习兴趣,活跃教学气氛,调动大家的学习积极性,经常好出一些课外题对同学们搞智力测验。

那是个风和日丽的一天下午,老师们又出了一个智力测验题。与以往不同的是,这次是全校五个年级五个班的同学,同时间同地点做这个题。

全校300多同学集中在操场,数学老师李国联对同学们说:"准备出的这个题,一至五年级的数学教材上都没有,过去大家也都没学过。估计只有五年级的同学们才有可能做得到,低年级的同学们能做到更好,做不到也很正常。"

测验题出出来,另一位数学老师徐大田对大家说:"做题时间半小时,谁会做谁举手单独回答。10分钟以后,可以商量可以讨论。"徐老师的话音刚落,聂海胜就举手了。

李老师和徐老师十分惊喜,他们来到聂海胜面前,单独听他回答那道题。聂海胜的答案和标准答案完全一样,思路也非常清晰。两位老师又高兴又意外,连声夸奖聂海胜。

转过身，徐老师小声对李老师说："海胜这娃子，平时学习一直积极勤奋，在数学方面有时神得很，我们学校会不会出个数学天才？"

李老师回答他说："海胜成了数学天才，我们不就是天才的老师啦！"说完，两位老师幸福地哈哈大笑起来。

聂海胜已经举手答题了，两位老师的表情告诉同学们，聂海胜的答案一定是正确的。

虽然还不到10分钟的规定时间，操场上已沸腾起来，同学们讨论的十分热烈。特别是五年级的同学们，或两三个一起，或三五个一起，在地上又是比又是画。有的一个人独立思考，还有的两个人不停地争论。

半个小时的时间到了，操场上除了聂海胜再没有第二个同学举手。两位老师相视一笑，估计就是这样的结果了。

李国联老师提议："干脆让聂海胜上来给同学们讲讲算了。"

徐大田老师说："我也是这样想的。"

聂海胜步履轻盈地走到台前，在准备好的黑板上先画了一个平面图。图刚画完，高年级的同学们就明白了。经海胜再一讲，低年级的同学们大都也明白了。

操场上又沸腾起来，恍然大悟的同学们议论纷纷。不少同学说，我咋就没想到这呢？还有的同学像在问自己又像在问别人，就这么简单？

这时，只见徐大田老师走到聂海胜面前，牵着他的手一起走到讲台，当场举起海胜的手，激动地高声喊道："同学们！聂海胜是我们学校的数学王！"

五年级班当时60多人，60多个五年级的同学都没做出的题，四年级的聂海胜却很快回答出来了。那是一道什么题呢？

其实，这道智力测验题也很简单。一个孤岛四面环水，水深5米，水宽5米，水沟弯都是90°的直角，只有两块25厘米宽、5厘米厚、5米长的木板。问怎样用这两块木板，在没有人帮助的情况下登上孤岛？

这道题在成年人看来，是一道很简单的智力测验题。把一块木板放在任何一个直角的两个外边上，另一个木板放在这块木板的中间成直角与内边相接即可。可对上小学的孩子们来说，又不是书本上学过的东西，一时做不到也可以理解。

这个智力测验题，其实也就是一道几何题，在聂海胜讲解之前，很多同学都感到它像一个难猜的谜。再难的谜，都有谜底，如果你掌握了谜底，这个谜对你来说就不难了。全校同学都不会的谜，海胜为什么能很快解开呢？海胜在学习上最突出的一点，就是有钻劲，爱动脑筋，从不放过任何一个难点和疑点，乘法口诀和各种公式，他都能倒背如流。

聂海胜童年的好伙伴樊华忠，上学时特别偏爱数学，小学期间他多数时间和海胜同桌。他在学习上，像海胜一样刻苦用功，但他的数学成绩在班里只能名列第二。他总想赶上和超过海胜，但结果总是海胜拿金牌他拿银牌。

肖居成比聂海胜大一岁，早他一年上学，五年级毕业时没上初中留了一级，加上他们学校有过分散合并的历史，海胜上五年级时他才和海胜同班认识。

肖居成是肖庄的，在他还不认识海胜的时候，就知道海胜“数学王”的绰号了。与海胜同班后的肖居成，内心里对海胜十分佩服，坐在海胜后排的他很注意观察海胜，发现海胜在学习上有很多的优点。譬如，他学习习惯比较好，课堂上注意听讲，跟着老师的思路走，很注意记笔记。偶尔做错的题，总要找出错的原因，并专门备有一个改错本，总要把做错的题反复多做几遍，直到牢牢地记住这道题的解法为止。

肖居成照着海胜的样子做，也备了一个改错的本，只要做错的题，他就像海胜那样，都坚持在改错本上重做。果然，收到很好的效果。

后来，在徐老师的号召下，同学们向聂海胜学习，都备了一个改错的本，反复做那些曾做错的题。时间不长，同学们的数学成绩都明显提高了。

聂海胜上小学四年级，成为学校“数学王”的故事，在他的村庄樊庄和家乡周围一带的村子传得很广。

家乡很多做父母的人们，在教育自己的孩子时，学校的老师在教育自己的学生时,经常好讲的就是这个故事。用聂海胜做榜样,鼓励更多的孩子,像聂海胜那样,从小刻苦勤奋,用心读书学习。

中国有句老话,“冰冻三尺非一日之寒”。如果从勤奋和积累的角度讲,李国联老师和徐大田老师,当众表扬聂海胜,称赞上小学的聂海胜在数学方面是天才,称赞他是学校的“数学王”,这话并不为过。

看来,聂海胜就是聂海胜。小学生聂海胜,用自己的行动再次诠释了这样一个哲理:聪明在于积累,天才出自勤奋。

老爷宫的碑数得清

这是一个春天的下午,阳光暖融融的。

上完第一节课后,学校安排全校的同学用书包到较远的河沟里往学校背沙,规定每人背两趟。

上小学五年级的聂海胜和樊华忠、樊华强、聂金玉等几个同班同学一起找来了一辆板车,并带有茓子。他们拉一车的沙,顶低年级的全班同学跑两趟还多。

拉沙任务完成后,他们决定还板车时给车主家带一车沙去。看时间还早,同学们围坐在沙滩上,要聂海胜讲一个故事。

"老爷宫的碑——数不清。"一个同学故意逗乐模仿着大人的口气摇着头刚开口,被大家一轰而笑打断。

同学们不约而同都瞅着聂海胜,那意思很明显,是让他赶快讲。谁知,聂海胜竟开口说:"老爷宫的碑数得清!"口气是那样地坚定。

这太出人意料了。"老爷宫的碑——数不清"是当地老得不能再老的故事了,世世代代没有人质疑过,聂海胜竟然敢说"老爷宫的碑数得清"。同学们都一脸的疑惑,个个瞪大了眼睛。

老爷宫离聂庄很近,在聂庄西面。从聂庄村后的大路上,向西走三四里就到了。

老爷宫供奉的是玉皇大帝,还供奉有张三丰,建于哪朝哪代地方志书上没有记载,没有人说得清。上年纪的老辈人讲,老爷宫有前殿、中殿和后殿,三殿相连，占地上百亩。宫前有一条古官道，东经杨垱街，通湖北的枣阳、随州。往西，经七方街，直通古襄阳府。北经苍台街，通河南的新野、南阳。

过去，每年三月三有庙会。庙会开始时要放大炮，方圆上百里的人都云集到这里，人山人海，非常热闹。

老爷宫内有很多的碑，高矮大小不等，布局密疏随意，有的三五个、二十几个立在一起，有的一个孤零零地立在那里。人们都想数清有多少碑，结果总数不清。据传说，新中国成立前国民党一个连的兵驻老爷宫，连长想把宫里的碑数清，叫全连的士兵一人抱一个碑，结果还是没数清。现如今，老爷宫只剩一个遗址，古官道也只剩一座古石桥，碑也只剩十几块了，并大多被折断。然而，“老爷宫的碑——数不清”的故事，在这一带仍然是家喻户晓，妇孺皆知。

聂海胜原本在同学们中威信就比较高，有了“数学王”的美称后威信更高了，平时在同学们中几乎是一呼百应。然而，今天在场的同学，却不约而同地一致反对他，都不同意他说的“老爷宫的碑数得清”。聂海胜耐心地给同学们解释，陈述自己的理由，但大家还是一个劲地摇头，都不相信老爷宫的碑能数清。

老辈人都说，“老爷宫的碑——数不清”，聂海胜是怎样数清的呢？

聂海胜在樊华忠、樊华强、聂金贵、聂金玉等几个同学的帮助下，挖来黄泥巴，捏成高矮大小不等的碑，像老爷宫的碑一样，布局密疏随意，有的三五个、二十几个立在一起，有的一个孤零零地立在那里，两百多个碑，既不成行也不成排。按比例缩小后的老爷宫的碑，同学们数了一遍又一遍，总也数不清。

这天，做好准备的聂海胜，把几个伙伴找齐了，高声对大家说：“都看好了，老爷宫的碑，我是这样数清的。”只见，聂海胜数第一遍的时候，每数一个用白粉笔打个点，记住数。数第二遍的时候，有点的不数了，每数一个再用红粉笔打个点，记住数。数第三遍的时候用蓝粉笔，数第四遍的时候用黄粉笔。数第五遍的时候，剩下的几个就像小秃头上的几个虱子明显显的了。把五个数加起来，就是总数了。

聂海胜又拿起一根绳子对大家说：“其实还有更简单的方法数清老爷宫的

碑,先把绳子的数数好,见碑就绑一根绳子,绳子出去多少说明碑就是多少。”

耳听是虚,眼见为实。经聂海胜现场一摆,这么一数一说,同学们基本都相信了。直到有两个爱较真的同学问了数学老师,得到了肯定的答复以后,同学们才完全相信。

“老爷宫的碑——数不清”,是当地流传久远的一个老故事,是一个歇后语,一般用来形容数量多得数不清。其实,老爷宫的碑再多,也是可以数得清的。但在一般人眼里,宁可相信数不清的传说。

人老几代的传说,众口一词的故事,小学五年级的学生聂海胜,一个十几岁的孩子敢站出来否定,勇敢地说出自己的正确观点。敢于用科学用事实否认大人们口口相传的传说,别人都说数不清,他坚持要说数得清,这种精神十分可贵。

它不仅向我们说明,小学五年级的学生聂海胜善于思考,比较聪明;而且还向我们说明,小学五年级的学生聂海胜从小就不轻信、不迷信、敢挑战、敢应战,是一个具有鲜明个性和独立见解的少年学生。

和老强重归于好

老强名叫樊华强，他家所在的樊庄，和聂海胜家所在的聂庄中间只隔一个大堰。

老强的父亲樊大海和海胜的父亲聂云华小时候是同学，新中国成立前两人一起上过两年的私塾，两位老人从很早的时候就是好朋友，多年来两家一直保持着亲切的交往。

由于这层关系，加上老强和海胜两人对劲，玩得来，他俩从小就成了形影不离的好伙伴。

上学后，老强和海胜一直同班同桌，两人上学放学总是形影不离。夏季里放学，要是哪天遇到下大雨路沟里涨水了，老强和海胜总是手拉手先蹚过去，然后指挥同学们一个个安全通过。星期天，伙伴们相邀一起逮鱼摸虾，捡柴拾粪，要是哪位伙伴受欺辱被外村的打了，他们一定要站出来帮小伙伴讨回公道。伙伴们谁遇到困难了，他们也总是主动帮助，大家一起出一起归。

遗憾的是，老强当时受到“读书无用论”的影响，在学习上不太用功，缺课的时间比较多，有时候人虽然在教室里，心却不知道飞到哪去了。到做作业的时候，老强总是找海胜或樊华忠代他做。

老强比海胜年龄大些，又是樊华忠的堂哥，加上他点子多，平时他们在一块玩，都是老强说了算，他们代老强做作业表现得很积极。那时候他们小，是非观念不明，把代老强做作业看成是朋友之间的义气，时间长了也就习惯了，常常是不等老强说,他们就帮他把作业给做好了。

后来,老强撵兔子入迷,当大家都先后回到教室的时候,他却迟迟没有回到教室。再后来,老强吃过饭后也像往常一样跟着海胜他们一起去上学,可到学校他点个卯就不见了。

在当时那个“史无前例”的年月里,学校长时间处于“放羊”半“放羊”状态,老师们一直处在被批判的位置上,对抓教学,对课堂纪律,一般都是听其自然,学生们的学习主要靠自己自觉。上四年级时,渐渐大些的聂海胜和樊华忠,也慢慢感觉到长时间代老强做作业不好,不利于老强的学习,不是真正地帮助老强。老师们也多次委婉地批评了他俩。可不代老强做作业,好朋友之间的面子又抹不开。

又是几天没看到老强了,聂海胜和樊华忠很是着急,怎么办呢?想到有老强在场时他们三人的“牤牛顶战”在班里所向披靡,没有对手。每遇“牤牛顶战”时,老强总是比过年还开心。海胜和樊华忠商量决定,用这个办法把老强“骗”回学校。

这天晚饭后,海胜和樊华忠相约来到老强家,看老强正喜滋滋地在伙房里烤自己逮的一钵子小鲫鱼。

他俩一边吃老强的鱼一边互相挤着眼睛,海胜明白樊华忠的意思,他先开口说:“老强,明天跟我们一起上学吧,这几天‘牤牛顶战’我们光输给人家。”

樊华忠接着海胜的话茬说:“人家说了,我们再也顶不过他们了,说老强来了他们也不怕。”

这一计果然很灵。连续几天老强都按时到校,也不早退,等到课间休息的时候,老强攒足劲要找对手来一场“牤牛顶战”。可总是他们的三人组合架势摆开很久了,却没有对手应战。老强感到很没劲,课堂上总好打瞌睡。

看老强人虽然到学校了,心却没到学校,海胜心里很着急,他希望自己的好朋友能和他们一起努力学习,他和樊华忠一起曾多次劝过老强。对他们的话,老强根本听不进去。

老强由于受当时“读书无用论”的影响太深，加上缺课太多，对继续读书学习已失去信心，感到在教室里读书太没意思，对他们的话不仅听不进去，还反过来要他们跟他一起出去撵兔子，好朋友之间的分歧难以调和。

这天傍晚，老强的父亲收工回家，路上碰到了老强的老师。老师将老强经常找同学代做作业，上课打瞌睡，常常一连几天不到学校的情况，都向老强的父亲说了。

老强的父亲知道老强在学校学习不用功，表现比较差，但没想到竟是如此的差，竟敢一连几天不到学校。老强的父亲十分生气，晚上回家，将老强结结实实地打了一顿。老强误以为是海胜向他爹告的状，气头上把海胜的书包扔到麦地里藏了起来，不和海胜说话，也不跟海胜玩了。

第二天学校考试，没有书包的海胜各科都取得好成绩，有书包的老强却考得一塌糊涂。两天后，考试结果揭晓，消息传到村里，老强的父亲又把老强打了一顿。

倔犟的老强跑了，不知跑到哪去了，晚上没回家吃饭，夜里很晚了还没见到他的人影。

老强的父母开始着急起来，安排人四处寻找却没找到。半夜里找到海胜家，海胜和父亲立即穿衣起床帮助寻找。临出门时，海胜又从灶窝里刨了一个烧熟的大红薯，拍打拍打，吹掉灶灰，揣在怀里。海胜带着大人们，来到一处他们平时好在那儿捉迷藏的地方，果然在那里找到了老强。

海胜走上前，把怀里的热红薯悄悄地递给了老强。第二天一大早，老强把海胜的书包也找回来交给了海胜。

聂海胜小学快毕业的时候，中国的十年“文革”结束了，学校逐渐恢复了正常的教学秩序，管理也走上了正轨。此时的老强，已明白了学习和文化知识的重要，只可惜他的学业荒废得太多了。当时，九年义务教育还没实行，初中，老强没有考上，成了村里年龄最小的农民。也成了十年“文革”无数被耽误的一代中的一个。

上中学后的海胜,时刻没有忘记童年的好朋友老强。经常到老强家里去看他,给他讲学校的事,讲童年伙伴们在学校学习的情况。放寒假,海胜听说老强想学打算盘,就主动和樊华忠一起去帮助他。不几天时间,老强的算盘打得又快又熟。

有一个周末放学,海胜老远看到老强一个人在堰埂上放牛,两头牛正在顶战,还有四头牛乱跑乱窜,立即和樊华忠、聂金玉跑去给他帮忙。回来的路上又将老强割的草扛在自己肩上。

老强也总想和海胜一起玩,一有空闲就到海胜家去看一看。海胜父亲病故下葬的那一天,零星的小雨雪一直飘洒不停,海胜趴在坟上哭,老强在旁边哭。老强看海胜趴在父亲的坟上哭得上气不接下气,满身满脸都是泥,就和樊华忠一起,跑上去把海胜扯了起来,拉到一边用自己的衣裳,把海胜脸上的泥和泪水擦干净。

不太会说话的老强着急地说:“别哭了海胜,别哭了海胜。”那几天他一直陪着海胜,直到海胜情绪稳定。

到樊庄找樊华强,连问了几个人都回答不知道。当改口说找老强时,大家都告诉我,村西头房子最漂亮的就是老强的家。并主动向我介绍说:“老强是聂海胜的好朋友。”

找到老强家里,老强的父亲樊大海,问清楚我是谁,找老强有什么事后。老人家爽快地对我说:“想了解海胜小时候的事,找我就行了。海胜小时候,还真有些说头。”

有点文化,又对海胜特别偏爱的樊大海老人,谈起聂海胜,如数家珍。面对面坐在老人家院里,我俩说说笑笑,不知不觉谈到了太阳落山。临别时,老人家又告诉我,老强在广东澄海打工,并把老强在澄海的手机号码告诉了我。

10 月,聂海胜与战友驾神舟六号执行航天飞行任务时,正在广东澄海打工的老强,在床头的电视机前守了五天五夜。饿了他泡一碗方便面,困了他靠在床头眯一会，第五天凌晨，当返回舱着地看到海胜和他的战友平安走出来，他倒头便睡着了。整整睡了一天，直到晚上才睡醒。

起床后，老强约了聂海军等几个一起在外打工的老乡，到一家小酒馆痛快地喝了一顿。平时一顿只能喝一瓶啤酒的他，这天晚上竟不知不觉喝了三瓶。酒店老板和在酒店吃饭的其他客人，听说他们几个是聂海胜的同乡同村，老强还是和聂海胜从小一起长大的亲密伙伴，一下子围了上来。纷纷拿出手机要老强给聂海胜打个电话，大家都想亲耳听一下英雄聂海胜的声音。

"不能打，不能打！他刚从天上飞回来，肯定还有很多事。"老强摆摆手又接着说，"飞了五天五夜了，他也该好好休息一下。我们是从小一起光着屁股长大的伙伴，越是好朋友，我们越是要关心他理解他。"

樊华强把对童年伙伴聂海胜的一腔深情，深深地埋藏在了自己的心底。

藏猫高手

捉迷藏,又叫藏猫。在划定的区域范围内,一人用黑布蒙住眼睛,身边的人从背后和其他不同的方向躲闪着对其袭扰,蒙住眼睛的人逮住谁是谁。被逮住的人再蒙上眼睛去逮别人,循环往复。只要有一小片空地,白天晚上都可以玩。这是聂海胜的家乡湖北枣阳一种很流行的儿童游戏。

聂海胜十二三岁以后,他嫌玩这种藏猫游戏不过瘾,把这种藏猫游戏称之为藏小猫,开始玩起了藏大猫。

藏大猫是由藏小猫演进的,白天也可以玩,但晚上玩最过瘾,天越黑越刺激。范围一般是在一个村庄或更大的地方内,由一人先躲藏起来,其他人联手把躲藏的人捉住后一局结束。若捉不住,到一定的时间或一个回合后一局也算结束。再一种玩法,是伙伴们分成两班,一班人躲藏另一班去捉躲藏的人,逮住的人数过半一局结束。规则是,不能躲藏在家里,不能躲藏在规定的区域之外。

夏夜的一天晚上,星星和月亮都被乌云遮住了,整个村庄黑得几乎伸手不见五指。这样的月黑头天玩捉迷藏最来劲,吃过晚饭,村里十几个伙伴,不约而同来到了村东头的堰埂上。

在小伙伴中除了聂海胜,躲藏时都被捉住过,看这天晚上天特别黑,大家都争着要躲藏。天太黑采取抓阄的老办法怕有人捣鬼,海胜提出"石头剪子布",成绩最好的先躲藏,然后按成绩分先后顺序,海胜的提议得到伙伴们的一致同意。几位躲藏者,有的藏在生产队的库房里,有的藏在麦秆堆里,有的爬到树上,有的钻进涵洞里。结果，都像兔子一样，一个个很快被捉住了。

时间虽然有些晚了，但大家都还在兴头上，都希望聂海胜藏一次，把海胜逮住才过瘾。聂金平对聂金玉说："今晚人多，让海胜藏我们逮，把他逮住了再回家。"聂金玉刚说了个"中"字，大家抢着说开了。有的说要让海胜从村东头往村北跑，有的说不等海胜喊"藏好了"，只要他一拐弯看不到他了就开始逮。聂金玉最后说："规则还是不变，海胜愿朝哪跑朝哪跑，等海胜喊藏好了我们再开始逮。"

聂海胜看出了，今晚不仅人多，而且大家都憋着一口气，一定要在今晚把他逮住。他也不示弱，聂金玉一喊开始，他挑战似地从村东往村北跑。村北开阔，地形地物简单，最不易躲藏，从村东往村北跑，他的行动完全暴露在大家的视线内，还让大家没想到的是，他跑到村北路口刚转身拐弯就喊"藏好啦——"

聂海胜刚转身动步，聂金玉就迅速作了分工，由他带一路直奔村西，由南往北迎头拦截；由聂金平带一路，沿海胜跑去的方向紧追其后；由聂永福带一路，直穿村中的十字路口，把各个方向都封死。最后，三路从三个方向往村西北的拐弯处汇合。这次组织严密，分工明确，指挥得当，加上人多，大家对逮住海胜都充满信心。海胜"藏好啦"的喊声刚出口，三路人马像离弦之箭飞奔而去。

三路人马动作迅速，搜索细致，展开搜索都抢在最短的时间内。大家估计，这次聂海胜就是长翅膀也飞不出包围圈的。

谁知，三路人马按计划在村西北的拐角处合围后，连海胜的影子也没看到。海胜又钻出了包围圈，大家都很意外。

聂金玉迅速作出反应，他带的一路，由北往南，经石桥再往东搜索；聂金平带的一路，原路返回搜索；聂永福带的一路，从村西北往东南搜索。聂金玉还提醒大家，每一个猪圈，每一个厕所，每一棵树上，都要仔细搜。

聂海胜躲藏到哪去了呢？他又是怎样钻出包围圈的呢？

聂海胜在喊"藏好啦"的同时，即朝向回的方向翻过一堵围墙，又迅速穿过一个猪圈，再爬上一家的围墙顶上，像壁虎一样趴在上面。当尾随其后紧追他的一路，从他的眼皮底下跑过拐弯朝村西奔去后，他又原路返回在夜幕的掩护下藏到了出发地。

村东的这家，东山墙有一个依墙而堆的麦秸垛，垛顶上有海胜早准备的一个破鸡罩。海胜爬上麦秸垛，把鸡罩往头上一扣，安安稳稳地躺那休息起来。按规定，追他的三路人马在村西北拐弯处汇合后，一局一个回合就算结束。海胜知道大家不服气，已稳操胜券的他故意逗乐继续躲藏。

小伙伴们从不同的方向回到出发地，都累得东倒西歪，一个个躺在麦秸垛下，呼哧呼哧地喘着粗气。聂金玉没辙了，躺在垛下休息一会，站起身来拍打掉身上的麦秸想回家。聂随芳不服气地望着他说："海胜藏哪儿了呢？难道他会上天入地吗？"

正在这时，海胜头顶着鸡罩，呼地一声从垛顶上蹦了下来，落在了小伙伴们中间，一落地就蹲在地上不动，把伙伴们一个个吓住了。多数还没反应过来是咋回事，海胜取下鸡罩嘿嘿嘿笑着站起身，又跑着回家了。

聂海胜玩藏猫，伙伴们之所以总是捉不住他，是他不"死"藏，再好的躲藏点他都采取"活"藏，不管藏哪他都做好随时转移的准备。他腿脚快，视觉听力敏锐，翻墙爬树灵活，奔跑时脚尖着地声音很小。除了这些，他还有更绝的招。

十五的晚上，天上的月亮又圆又亮。有月光的夜晚是乡村最美丽的时候，也是聂海胜和伙伴们最开心的时候。晚饭后的村庄，四处明晃晃的，这样的夜晚玩藏猫躲藏的人最吃亏。

聂金平和聂随芳等几个小伙伴相约找到聂金玉，提出要在这天晚上捉住聂海胜。伙伴们的到来正合聂金玉的心意，他安排人把伙伴们找齐，又叫人从樊庄请来了樊华强和樊华忠等人。聂海胜一看这阵势，立即明白这是冲着他而来的。

樊华强和樊华忠，是聂海胜和聂金玉的好朋友，他们像熟悉樊庄一样熟悉聂庄。聂庄哪有沟哪有坎，哪有堰哪有桥，他们闭着眼睛都能摸到。聂金玉在樊华强的参谋下，先让海胜回避，把三十多个小伙伴召集在一起，进行了周密布置和分工。

聂金玉是这样布置的,在村外的四个角上各安排两个人,角与角之间做到四目相望;在村内的十字口安排四个人,四人背对背盯住村里四面八方;村里其他各个路口一个路口一个人,把每一个路口都封死;剩余的人分成四个组,聂金玉、聂金平、樊华强、樊华忠各带一个组。

聂金玉安排好后,聂海胜没有像过去那样快速跑步离去,他知道今晚跑得再快也没用,必须得用绝招。他在众目睽睽之下,从村东沿着村中间的路往西慢慢跑去。只见他一点也不惊慌,显得胸有成竹,跑到尽头往北一拐就听他喊"藏好了——"

大家按预定的方案迅速到位,在村里拉网式地来回搜索了两遍,每一个可能躲藏的地点,都一个不漏地进行了仔细搜索。结果,仍是连海胜的影子也没见到。村中间和村四个角担任瞭望的小朋友,都像高度警惕的哨兵,一个个眼睛瞪得溜圆,也都没见到海胜的影子。海胜像烙铁上的水珠蒸发了一样,竟然从村子里消失了。

聂海胜(站立者)和战友费俊龙,在进行野外生存能力训练

这时有人怀疑，聂海胜会不会跑到圈外或回家躲藏起来了。聂金玉当即吼了起来："海胜是那样的人吗？不要脸的事他会干吗？"聂庄和海胜一起长大的童年伙伴，都相信海胜的为人。樊华强也坚定地对和他一起来的小朋友们说："海胜一定在村子里，在某一处不被我们注意的位置躲藏着。"

刚说到这，只见海胜赤脚从村西，从他开始跑去的方向原路跑回来了。大家忽地把他围住，打机关枪似地问他："你到底藏到哪儿了？"海胜笑眯眯地慢慢回答说："我躺在村西头棺材里睡了一觉。"一句话把在场的伙伴们，吓得个个瞪大了眼睛张开了嘴巴。他总藏到别人意料不到的地方。

"你不怕鬼吗？"回过神来后，几个小伙伴抢着问海胜。海胜反问他们："有鬼吗？鬼在哪儿呢？你们谁见过鬼？你们的爹妈谁又见过鬼？"海胜真是个有胆量、藏奇猫的智者和勇士。海胜总是出奇制胜，谁能玩得过他呢？

村西牛棚的旁边，放着一口棺材，虽是一口薄棺却漆得很黑。怕鬼的小伙伴们，别说晚上就是大白天从棺材旁路过时也都很害怕。当大家战战兢兢地跟着海胜来到棺材跟前时，只见海胜向前掀开棺盖，从棺材里面拿出了自己的鞋子。

是啊，人们在小的时候大都听说过鬼，大都听说过很多很多鬼故事，可谁亲眼见过鬼呢？如果人死了都变成鬼，那么村前村后，东南西北，遍地不都是鬼吗？

海胜不怕鬼，是因为他不相信有鬼。他相信，"人死如灯灭"，生活中根本就没有鬼。生活中有时又充满着鬼，之所以充满着鬼，除了有人装鬼吓人外，是中国几千年的鬼文化造成的，是因为人们心理上充满着鬼。

生就的骨头练就的胆。聂海胜胆大不怕鬼，是从他爹那学来的。他给小朋友们讲的那些道理，都是他爹平时经常对他说的话。父亲一直是海胜仰慕的大山，不怕鬼的父亲对童年的海胜影响很大。而藏猫的绝招，则包含着一种心智。认为没有鬼，是唯物论。不怕鬼，是一种胆量和气魄。

听刘兰芳说《岳飞传》

聂海胜小的时候，村子里没有通电，也几乎没有书可读，夏夜里最多的文化生活，就是听大人们讲故事了。

上过两年私塾，在北京当过三年兵的海胜小爹聂云定能讲不少的故事，但是比起村里的云杰小爹来，海胜的小爹就差远了。

海胜喊的云杰小爹叫聂云杰，是村里老辈人中唯一的高小毕业生。在老辈人中，聂云杰不仅文凭最高，还在北京当过五年兵，退伍后又在山西那边闯荡过几年。他性格开朗，喜欢谈古论今、说笑话、猜谜语，会讲许多美丽动听的民间故事，还会讲很多威武雄壮的武侠故事，对什么“三国”、“水浒”、“隋唐英雄传”、“包公案”、“杨家将”这类历史故事，背得滚瓜烂熟。他还会讲很多刘秀的故事，是当地有名的“老掰嗒”。

这天夜晚，明月高悬，大地洒满银辉。

海胜吃过晚饭，像往常一样跟着云杰小爹一起来到村口的谷场上，边乘凉边听云杰小爹讲故事。刚坐下一会儿就围过来很多人，只听云杰小爹清了清嗓子，绘声绘色地给大家讲起了“林冲雪夜上梁山”。

讲完这段，已是夜深人静。这时候，风不吹，树不摇，大家都没有散去的意思。

看云杰小爹还不开口，聪明的海胜忙跑过去给他扇扇子。云杰小爹笑了笑，接着又讲起了“岳母刺字”，岳飞精忠报国的故事。在听故事的人群中，海胜每晚总要听到最后。这些故事，给幼年的海胜留下了深深的记忆。

慢慢的聂海胜长大些了，听云杰小爹讲故事的时候，他总好问为什么。开始云杰小爹耐心地给他解释，到后来海胜提出的好多问题自己却解释不了了。于是，云杰小爹规定，再讲故事的时候，只准听不准提问题。

听不明白还不准问，海胜感到很没劲。

这是聂海胜小学快毕业的一天中午，放学回来还没进屋的海胜，看到小爹聂云定很神秘地在向他招手，他立马跑到小爹跟前。

小爹先递给他一个烧好的红薯，接着又把收音机的声音猛地调大，原来收音机里正在播放刘兰芳说的评书《岳飞传》。

像磁石吸铁一样，聂海胜当即被刘兰芳说的《岳飞传》吸引住了。放学回来的海远哥，也跟着听了起来。当时，谁也说不清全国有多少人在收听刘兰芳说的《岳飞传》，但可以肯定每一个收听的人都被深深地吸引住了。聂海胜没顾上坐下，站在收音机前一气听完，直到收音机里的刘兰芳说“要知后事如何，且听下回分解”时，他才回过神来。

当时的聂海胜并不知道，说《岳飞传》的刘兰芳是大名鼎鼎的评书艺术家，他只是感觉这个女播音员说《岳飞传》听起来太过瘾太来劲了，小爹一边递碗饭给他一边对他说：“刘兰芳的评书，每天播两遍，中午一遍晚上一遍。”

从那天开始，聂海胜成了刘兰芳的忠实听众，中午若有事没听到，晚上一定要听。要是哪天中午和晚上都没听到，他必定要叫小爹或海远哥给他讲一遍。海胜对他小爹说：“刘兰芳说得太好了，听她说《岳飞传》就像身临其境在现场一样。还有你关心的那些，和哪些不明白的，她好像都知道一样，下一回都一一说到了。”

每天放学后，他都急忙跑到小爹家和海远哥一起先听《岳飞传》，听完《岳飞传》后该干啥再去干啥，一直坚持把刘兰芳说的《岳飞传》听完。

刘兰芳说的岳飞的故事和岳飞的形象，深深地印在了聂海胜的脑海里。记忆力很好的聂海胜，每听一回都能给同学们讲一回，时间不长同学们也听上瘾了，一回不听就感觉像少了点什么。

这是一个星期天的下午，聂海胜挎着筐子出村捡柴火，还没走到石桥，十几个伙伴像是有准备似地都挎着筐子出来了。有的在等他，有的正准备到他家里去找他。海胜明白，伙伴们多半是冲着《岳飞传》来的。

果然，聂金玉还没走到跟前，老远就冲着他喊："先来一段，先来一段，快接着昨天的讲。"海胜看着聂金玉，光嘿嘿嘿地笑，就是不讲。直到聂金玉跑到他跟前，双手伸到他的胳肢窝要挠他时，他才收住笑说："我讲，我讲。"

聂海胜两手用力一拍——叭！模仿着刘兰芳的腔调和节奏，"这一回给大家讲的是：夺状元枪挑小梁王，反武场放走岳鹏举。话说张邦昌听得宗泽说出那两桩故事，明知是骂他忌贤妒能，却又自家有些心虚，半天发不出话来……只见这岳飞不慌不忙，当着天下英雄之面，开弓搭箭，真个是'开弓如满月，箭发似流星'。飕飕飕的一连射了九支……"

小伙伴们一个个听得瞪大了眼睛。当听到岳飞一枪把梁王头朝下脚往上挑于马下，复一枪结果了梁王性命时，一个个便开心地哈哈大笑起来。

《岳飞传》的故事深深打动着聂海胜的心，少年时的海胜从《岳飞传》里学到了很多东西。岳飞从小家贫上山打柴受人欺负，用树枝当笔沙盘当纸刻苦学习，他那非凡绝伦的武艺和坚贞不屈的性格，特别是他那精忠报国、英勇抗敌的坚强意志和伟大的爱国主义精神，不仅深深吸引和感染着少年聂海胜，而且在他幼小的心田里深深扎下了根。

神舟六号飞天成功后的 2006 年 2 月 11 日，已成为航天英雄的聂海胜，在襄樊四中与学生座谈，当有一个学生问他能否重返太空时，他是这样回答的："我是祖国培养的航天员，我时刻准备着，等待着祖国和人民的挑选。"

由此可见，祖国和人民时刻在他心中，为了祖国和人民，他随时准备贡献自己的一切。

在经历了五千年漫长岁月的中华文明史上，曾留下多少堪称千古绝唱的英雄歌！古代的从"上下求索"的屈原到"义不帝秦"的鲁仲连，从牧羊北海的苏武到"壮怀激烈"的岳飞。现代的从"横眉冷对千夫指"的鲁迅到自甘清贫献身革命的方志敏，从狼牙山抗日五壮士到黄继光英勇堵枪口，从众多的抢险英雄、抗洪英雄到今天走到我们面前的杨利伟、费俊龙、聂海胜三位航天英雄，他们共同的闪光点，就是时刻把祖国和人民的利益放在至高无上的位置上。

只有时刻把祖国和人民的利益放在至高无上位置的人，才可能具有崇高的理想和追求。

初中篇

在难题面前，你一直钻研，永不退却，加上平时的积累，一旦思路理顺，灵感有可能说来就来了。灵感来自执着加积累。

——聂海胜

变憋气为争气

1978年秋天,小学毕业的聂海胜没有考入当时的公社重点中学——杨垱中学,而是考入了孙寨中学。孙寨中学是公社的一所普通中学,属于小公社管辖,学生都是来自孙寨小公社的,全公社的尖子生都集中到杨垱中学了。

"数学王"聂海胜没有进入公社重点中学,好多人不理解。

最不能接受这一结果的,是海胜的老师徐大田。他知道录取结果的当天上午,就跑到杨垱公社教管会找到有关领导,一肚子火直往外冒:"聂海胜最能吃苦,在学校里一直品学兼优,不仅数学成绩好,语文成绩也好,这样的好苗子公社中学为什么……"

没等徐大田老师讲完,当时的公社教管会领导就打断了他的话,向他耐心作了解释。

原来,那一年公社中学录取学生在考虑学生分数的同时,也考虑到区域住址,尽量照顾学生就近上学。同时还考虑到个别家大口阔家庭特别困难的尖子生,就近上学可以跑伙,避免到公社中学住读给家庭增大开支。跑伙,就是只在学校住宿,不在学校就餐,每天来回跑回家吃饭。

像聂海胜就属后一种情况。这一内幕,海胜和同学们当时是根本不知道的,不知是出于什么考虑,徐大田老师也一直没有告知聂海胜。

"上中学了还要和泥巴垒凳子,真他妈憋气。"不知是哪个同学发了一句牢骚,当即引起共鸣。

有几个同学扔掉手里的工具不干了，还在干的同学有些也显得情绪不高。和泥巴、垒凳子、干活劳动，聂海胜是老手。只见他不吭不哈，跑出跑进，一会提水，一会搬砖，和几个同学一起干得满头大汗。

班主任老师何久安，走进教室看到不少同学像蔫茄子似的无精打采，很喜欢眼前正埋头干活的聂海胜。

聂海胜看何老师走到自己跟前，用赞赏的目光注视着自己，满脸羞涩地站了起来。何老师拍拍海胜的肩膀对大家说："同学们抓紧干吧，再过两天就要正式上课了。我们初一(1)班是学校的尖子班，编入我们班的都是成绩好的，我们应该各方面走在前面，给其他班的同学做个榜样。"

"既然我们成绩好，那为什么不录取我们进杨垱中学呢？"不知是哪个一带头，同学们七嘴八舌地开口了，教室一下子像炒豆子似地热闹起来。

何老师明白了，原来同学们是因为没有进入公社重点中学有情绪。

和蔼可亲的何老师，一脸微笑地向同学们解释："同学们，大家可以想一想，如果我们大家都到杨垱中学，那杨垱中学咋容得下呢？"

站在何老师身后的聂海胜，像是鼓了鼓勇气，上前一步声音不高却很坚定地说："同学们，我是这样想的。学习环境固然重要，但更重要的是我们自己的学习态度。如果不勤奋不努力，学习条件再好也不一定能取得好成绩。如果刻苦努力发愤图强，学习条件差一些，也不一定能影响我们的学习成绩。"

"说得好！说得好！"何久安老师忍不住插话说，"同学们今后学不学得好，关键在我们自己努力，不完全在于学习条件和环境。俗话说'师父领进门，修行在个人'。"

看何老师用鼓励的眼神看着自己，聂海胜又接着自己的话茬继续说："同学们心里憋气我理解，可光憋气有什么用呢？我们要变憋气为争气！现在为自己争气，将来为国家争气。岳飞开始读书时家里没钱，只好用树枝当笔，沙盘当纸，他后来不是写出了'三十功名尘与土，八千里路云和月。莫等闲、白了少年头，空悲切'的千古绝唱吗？他不是成了文武双全，威震敌胆，百战百胜的抗金元帅吗？他不是成了中华民族流芳百世的民族英雄吗？最终能否走向成功，关键是人而不是环境！”

聂海胜讲到此，眼睛里闪射出坚定和自信的光芒。不知是何久安老师带头还是同学们自发，“哗——”一阵热烈的掌声从孙寨中学初一(1)班飞出。

聂海胜说到位了，他更做到位了。初三快毕业的时候预考，全公社包括公社重点中学杨垱中学在内的六所中学、1100多名学生，同时间同考卷同标准考试，聂海胜取得优异成绩，名列全镇前三名。临中考前转入公社重点中学参加中考，又以优异的成绩考入枣阳一中。

环境不是由自己决定的，很多时候我们不能去改变它，但是，我们可以改变我们自己。

威斯敏斯特教堂，矗立在滚滚东流的泰晤士河畔、钟声回荡的国会大厦的西南侧，是英国最古老的建筑之一，也是英国最出色的哥特式建筑之一，每天吸引着来自世界各地的游客。人们在赞叹它的建筑艺术的同时，还从中了解了一些英国的历史。因为这里长眠着从亨利三世到乔治二世等二十多位国王，憩息着牛顿、哈代、狄更斯、达尔文、吉卜林以及二战“不列颠之战”中牺牲的皇家空军将士。

在一个不显眼的角落，一块墓碑上刻着一段这样的话：“当我年轻的时候，我的想象力从没受过限制，我梦想改变这个世界。当我成熟以后，我发现我不能改变这个世界，我将目光缩短些了，决定只改变我的国家。当我进入暮年以后，我发现我不能改变我的国家，我的最后愿望仅仅是改变一下我的家庭，但是，这也不可能。当我现在躺在床上，行将就木时，我突然意识到：如果一开始我仅仅去改变我自己，然后，作为一个榜样，我可能改变我的家庭；在家人的帮助和鼓励下，我可能为国家做一些事情；然后，谁知道呢？我甚至可能改变这个世界。”

这是一段极富哲理的名言。从古至今，在很多人身上得到了印证。当年，在中国一个偏僻荒凉的小公社所辖的简陋中学里，因上中学了还要和泥巴垒泥凳子，很多同学心存不满而抱怨时，有一个学生想到的正是怎样改变自己，并当众谈出了自己的想法，鼓励同学们做环境的主人，用主观努力去实现自己的理想。

二十多年后，这个学生作为国家的第一批宇航员，和战友一起驾“神六”飞越浩瀚太空，圆满完成了任务，为国家做了一些事情。他青少年时期的故事影响和教育很多人，这个学生，就是航天英雄聂海胜。

同学们选出的班长

“当——当——当——”随着三声钟响，喧闹的学校即刻安静下来。

新学期开始上课的第三天上午第一节课，走上讲台的班主任老师何久安，没有开口讲课而是久久地注目着台下的同学们。70双扑闪闪的眼睛，70张幼稚纯真的面孔，何老师越看越喜欢，从前往后扫视了一遍后，何老师笑眯眯的眼光落到了聂海胜的脸上：“同学们，从今天开始，聂海胜就是我们班的班长啦！”

不知是大家早有这种预感，还是聂海胜从一开始就表现出众，同学们对何老师的口头任命欣然接受。70个刚走到一起的初中同学，来自不同的小学，有的对聂海胜还不是很熟悉，很多同学的目光都向他投来。黑黑的脸上露出几分腼腆的聂海胜，却像个小姑娘似地把头低在了课桌上。此时，细心的何老师提议同学们鼓鼓掌，请聂海胜站起来让大家都认识认识。当掌声响起时，站起来的聂海胜，脸红得像个秋天的苹果。

聂海胜的同桌邓光清，个头和海胜差不多高，过去和海胜不认识，看海胜被班主任老师任命为班长，伸出大拇指向他表示祝贺，海胜笑一笑以示感谢。

课间休息时，邓光清提出两人掰手腕，海胜欣然同意。第一局相持的时间较长，两人的脸都憋得通红，引来很多同学围观呐喊助战。结果，邓光清只差那么一点没坚持住，手背被海胜按在了桌面上。

邓光清败北却没认输，喊着要再来，要以三局定输赢。海胜怕影响上课，两人商定中午放学后大战三局。中午放学一转眼海胜却跑了，跑回家吃饭去了。

邓光清误以为聂海胜怯战了，下午放学后早早把海胜拦住了：“来！聂海胜，三局，三打两胜。上午只掰了一盘说明不了问题。”

神舟六号航天员之一的聂海胜

“来就来，再掰三盘你也不一定赢得了我。”聂海胜一边笑着说，一边伸出了手。

邓光清拉开架势，要与海胜一决高低。结果连输三局，又来三局再输三局。

此时，邓光清明白了，掰手腕他根本不是海胜的对手。上午那一盘之所以僵持的时间比较长，是海胜看人多顾及自己的面子，故意让自己的。海胜好像看出了他的心思，两人哈哈大笑起来。

四个同学坐一个课桌明显有点挤，同学们难免有互相碰撞的时候，为了不碰撞大家都把桌子一分为四用笔画条线，偏胖的邓光清总是好越线，每当他越线时海胜总是让着他，只留一只胳膊在桌子上。海胜偶尔越线时，邓光清总是一膀子猛撞过来。没有思想准备的海胜，多次被撞到了地上。有一次把海胜撞火了，海胜与他对撞起来，结果偏胖的邓光清被清瘦的聂海胜撞了个四肢朝天。为此两人曾两天不说话，不知啥时候两人又和好如初了。

和好后的聂海胜和邓光清显得比以前更加亲密，聂海胜当班长事多一些，有时像关门、锁门、关窗户一类的事，邓光清主动帮他干。

一个星期六的下午，上两节课后提前放学了。

太阳带着笑脸很柔和，天特别蓝，风很小，一小片白云从天际飘过。邓光清约聂海胜打乒乓球，海胜嫌打乒乓球没有劲，选择了打篮球。别看海胜平时很腼腆，篮球场上可是一员猛将，三大步上篮不仅跳得高而且命中率也高。这天，海胜在篮板下转身上篮投球时,无意中把一个同学带倒了。

这个同学误会了,以为海胜是有意的,气头上说了聂海胜一句:“啥球了不起呀!不就是当个班长吗?老师指定的又不是大家选出的。”

说这句话的同学,可能是一时失态随口说的。可这句话伤了聂海胜的自尊心。凑巧的是,除了聂海胜们这个班以外,其他班的班长都是同学们选出的。聂海胜气冲冲地找到班主任何老师:“何老师,班长我不当了!”

“当得好好的,怎么说不当就不当呢?”何老师一脸疑惑地看着聂海胜。

“别的班的班长都是同学们选出的,我们班为什么要指定呢?也让大家选多好呢!”聂海胜说出了自己的心愿。

何老师明白了,原来海胜是为这桩事生气。笑着问他说:“那要是同学们投票选举再选上你了呢?”

“再选上我了我就当,我要当同学们选出的班长,选不上我我也不会有什么想法。”说完聂海胜又认真地补上一句,“最好能无记名投票选”。

年近六十的何老师,头发差不多白完了,牙也掉了一颗,瘦小的个头略显得有点驼。他一辈子教书育人,一辈子胆小谨慎,与人说话时总是小声还面带微笑。行将退休的时候遇到聂海胜这个少见的学生,他太喜欢太偏爱了,大胆地专了一回权让他当班长,结果时间不长却又被聂海胜自己否定了。看着聂海胜离去的背影,何老师坐在那怔怔地想了半天。

教室里安静极了。选班长对同学们来说是件很大的事情,投完票后大家专注地等待着唱票结果。窗外的麻雀子却很不懂事,越是人们需要静的时候,它越是叽叽喳喳叫得响。

聂海胜当班长一个月时间的出色表现,已被同学接受和认可。初中学生是纯真朴实的,除聂海胜谦虚自己没投自己的票外,包括误会他事后很快明白原委的那位同学,大家都把自己神圣的一票投给了聂海胜。很快选举结果揭晓,海胜以 69 票当选。这次没人提议,同学们不约而同热烈地鼓掌起来。掌声在惊跑窗外麻雀子的同时,只见聂海胜主动站了起来,表情庄重严肃地用鞠躬向老师和同学们各施了一个礼。他也是向民主选举敬了一个礼。

此时,聂海胜的脸上不仅没有丝毫的羞涩,透露出的却是刚毅坚定。

聂海胜被同学们全票选为班长,完全在何久安老师的意料之中。这之后直到初中毕业前,聂海胜每学期都被同学们全票选为班长。何老师对聂海胜的评价是:“聂海胜身上的闪光点很多,他就像一块闪闪发光的金子,走到哪亮到哪。”

聂海胜上高中后,学校已开始实行奖学金,每个班只奖三人。获得奖学金者要具备三个条件:一是学习态度、学习成绩特别好;二是家里经济特别困难;三是同班同学无记名投票票数要过半。符合头两个条件的人很多,能否获得奖学金关键是看同学们无记名投票结果。由于聂海胜在无记名投票中每次都获得全票,所以他每学期都当选。那时的奖学金每月只 3 元钱,完全依靠奖学金解决不了根本问题,获得奖学金主要是获得一份荣誉。

初中时无记名投票选班长,聂海胜一直获得全票。高中时无记名投票评奖学金,聂海胜又一直获得全票。这难道是巧合是偶然? 民主投票,让同学们心服口服。民主生活、民主意识,应该在学生时代养成。聂海胜是在奋斗中胜出的,也是在民主中胜出的。

检讨该由我来写

这是秋天一个月末的夜晚，黑咕隆咚的夜幕中，一行人在杨垱中路从东往西脚步很轻地奔跑着。从奔跑的速度看，他们对这一路段的路况十分熟悉。

这一行 13 人不是别人，正是聂海胜和他的同学们。他们急忙要赶到聂庄去看电影《小兵张嘎》和《铁道游击队》。聂庄晚上有电影，不少同学都知道，下午几个性急的同学都在相互串，相约晚上去看电影，只是一直没得到海胜的话。下午放学后，他们大着胆子找到海胜约他晚上一起去。其实海胜也很想去，他中午回家吃饭时就听说了，除了两个正片还有加映影片，并且两个正片都是他想看的，但最终海胜还是决定下了晚自习再去。

晚自习下课时间一到，他们一个个像老鼠一样，一个接一个地从学校蹓了出来，等到海胜一出校门大家立即往目的地奔跑起来。晚上应声远，他们刚跑出街口，就听到电影里的声音了，不觉脚步加快起来。从孙寨中学到聂庄有六七里路程，他们十几分钟就跑到了，正巧《小兵张嘎》刚开始放映。日本鬼子残杀中国人民的暴行，狗汉奸为虎作伥的丑态，同学们看着看着个个握紧了拳头；小嘎子机智勇敢的英雄形象，八路军和地方民兵打得小日本举手投降的精彩场面，同学们看后激动不已。

回学校的路上，兴奋的同学们你一言我一语，争着谈感受谈体会。有的模仿台词，有的模仿动作，还有的竟放声高唱起来，一个个兴奋之情溢于言表。唯有走在最前面的聂海胜，一句话也不说只顾快走往学校赶。此时的聂海胜，虽然没说话但他心里却在考虑，电影《小兵张嘎》内容不错，对他很有吸引力，很值得一看，可惜不是学校安排的活动。他们看了一场电影，受了一次教育不是什么坏事，但毕竟违背了“学生不经老师同意晚上不准外出”的学校规定。想到此，他心里不免有些愁闷，十分后悔。最后他决定，明天找时间向班主任老师主动交代此事作个检讨。

成天和聂海胜形影不离的聂金玉，最了解聂海胜。此刻，月黑头天他虽然看不清海胜脸上的表情，但他猜得出海胜在想什么。想到此，性格急躁说话简捷的聂金玉，猛地大吼一声：“都别说了！都听我说！今晚看电影的事，谁都不准说出去，老师不知道算了，若老师知道了谁都不准说有海胜，要问谁带的头就说是我带的头。”

聂金玉这一嗓子吼得猛，大伙一下鸦雀无声。停了半天，孙显军最先说：“就按聂金玉说的办，我们都不能说出聂海胜。”

接着，赵心明、孙扬军、樊成群、邹温合和邹温军等都纷纷表示，一定要守口如瓶，绝不能说出聂海胜。

他们回到学校时，学校大门早已锁了。他们一个个又像贼一样，轻手轻脚翻墙进校，悄悄进入了寝室。

何久安老师退休后，接替何老师担任聂海胜们班主任的是陈玉兰老师。陈老师虽是一位女老师，生气发起脾气来却比男老师还严厉。

上午第一节是陈老师的语文课，只见陈老师表情严肃，静静停了两分钟后，点了孙显军、邹温合和赵心明三个人的名字。教室里立时安静下来，静得地下掉根针都能听到。

同学们还没明白过来是怎么回事，只听陈老师生气地问道：“你们三个昨天晚自习以后不按时就寝，到哪去了？干什么去了？站起来！”一向温和的陈老师发火了，“跟你们一起去的都还有谁？”

沉寂下来的教室里，听不到一丁点声响，静得只剩下同学们的呼吸声。此时，只见聂海胜举手要求发言。

“聂海胜，你有什么要说？”陈老师的话音刚落，聂海胜就站了起来：“陈老师，昨晚下自习以后，出去看电影是我带的头，这件事我做错了，我向老师和同学们检讨，检讨该由我来写。我保证今后不会再犯这样的错误了，若再有同学出现这样的问题我也会及时制止的。”

聂海胜把自己已写好的检讨，交给陈老师后又接着说：“作为班长我没带好头，我愿接受老师和同学们的严厉批评。”

聂海胜一带头，跑出去看电影的同学都站了起来，主动承认错误，主动检讨。

看聂海胜和同学们能主动承认错误，知错就改，并交来检讨。陈老师心里的气，像风吹乌云一样说消就消了。

面容像过去一样好看起来的陈老师，和蔼地摆摆手，示意同学们都坐下，然后语重心长地说：“同学们看《小兵张嘎》电影并不错，但违背了学校的纪律就错了。小嘎子之所以能逐渐成为优秀的小八路，就是因为他的组织纪律观念在不断增强。军队需要纪律，学校同样需要纪律，纪律是铁是钢，任何时候都不能违背。一个有理想有志气的人，首先应该是一个有严格纪律观念、有自我约束能力的人。良好的纪律观念要从早培养，要自觉养成习惯。”

课堂上安静极了，陈老师这番纪律教育的话，同学们都在认真听。聂海胜不仅在认真听，而且把陈老师的这番话铭刻在了心坎上。

违背学校的纪律夜晚擅自出去看电影，开始聂海胜的思想就很矛盾，但他最终还是和同学们一起去了，那个年代电影对初中学生太具诱惑力了。看完电影回学校的路上聂海胜就后悔了，后又主动写了书面检讨 。向老师和同学们检讨时，他没有找客观理由，也没有推脱责任，而是从自身从主观上找原因主动承认错误。聂海胜敢于检讨，敢于承担责任，真是好样的。

人非圣贤，孰能无过？由于这样那样的原因，人的一生难免会犯错误。犯了错误不要紧，关键是要承认错误，只有首先承认错误，才能最终改正错误。犯错误是不理智，能够主动承认错误认识错误改正错误，也是一种智慧。

在这之前和之后直到高中毕业，在老师和同学们眼里，聂海胜是一个公认的严守纪律、自我约束能力很强的人。他很早就把严守纪律,严格要求自己,当成行为准则自觉遵守,并注重在平时从一点一滴养成良好习惯。经常控制不了自己一时的人,也很难控制自己的一生。

伟大首先在于管理自己。自己把自己管理好,称为自律。自律,是做人的一种重要品质。

边境响起枪炮声的时候

聂海胜上初中的时候，祖国的西南边陲很不太平。

我国的华侨被大批驱赶，长时间遭到凌辱，边境村民的财物、耕牛等遭到对方武装人员的抢夺破坏，边防战士和边民经常被打死打伤，人家的子弹炮弹打到我国领土的纵深位置。更有甚者，人家已开始在我国的领土上抢占高地，构建军事设施，长时间明目张胆地向中国人民挑衅，迫使中国人民不得不进行自卫还击。1979 年 2 月 17 日，一场正义的自卫反击战争终于打响。

那些日子，聂海胜和他的同学们在紧张的学习之余，十分关心祖国边境的战事，十分关心祖国领土的完整，盼望祖国的边疆能早日恢复往日的宁静。

每天的报纸到了以后，班长聂海胜都要把自卫还击战的报道读给同学们听，每当我边防军民取得重大胜利的时候，同学们都兴高采烈、欢欣鼓舞，每当有解放军指战员英勇牺牲的报道时，同学们都悲痛难过、义愤填膺。边境的战事时刻牵动着同学们的心，边境的枪炮声好像就响在同学们的耳边。

这天上午，植树劳动结束后，男同学们不约而同地凑到了一起。有的同学拿起铁锹当枪杆，对着假设敌高喊着“冲啊——杀！”以此抒发着自己想当兵保卫祖国的强烈愿望。

聂海胜像是早就考虑成熟似地对同学们说：“再过两三年，我们就到当兵的年龄了。如果我们将来当兵了，我们都去当空军，开着飞机在天空保卫祖国。任何侵略者只要敢袭扰我们的边疆、侵占我们的领土，我们就在飞机上用机枪打，把侵略者统统消灭光。”

在这个时候，聂海胜幼时定下的模糊理想开始变得清晰起来，由“长大想当兵”具体到了“长大想当空军飞行员”。人的成长，是一个各方面全面成长的历程，不光是身体、性格的成长，还有知识、思维和理想的成长。海胜幼时定下的模糊理想，因为年龄、认识等方面的局限，并不会有太多清晰的、坚定的、完善的个人想法，也许更多的是来自于本家大哥的影响和内心的羡慕。当他在成长之后，再次定下这个清晰的目标，已经不再是因为外界的影响，而是来自于自己的信念。当一个人，清楚地认识到自己以后要做什么的时候，这个人便长大了，开始变得成熟起来。

邹温合接过海胜的话茬说：“我如果当兵，就当装甲兵，开着坦克车撵着敌人打，直到把敌人打得一个也不剩。”

“我要当兵了，就抱一挺重机枪，找一个好位置隐蔽起来，等敌人靠近了突然开火，哒哒哒……哒哒哒……一下扫倒敌人一大片。”杜随成边抢着说边抬起胳膊做着动作。

同学们越说越激动，一个个热血沸腾，恨不得插上翅膀，马上飞到祖国的西南边疆，真刀真枪地同敌人拼个你死我活。

课堂上很安静。陈玉兰老师正在讲评同学们的作文，作文的题目是：《当边境响起枪炮声的时候》。陈老师先读了徐大清、张文香等同学的作文。最后读的是班长聂海胜的，海胜的这篇作文最后是这样写的：“边境的枪炮声，虽然远离我们千里之外，可我仿佛听到枪炮声就在我的耳边。噼噼啪啪的枪声是那样的激烈，轰轰隆隆的炮声是那样的密集，枪炮声中不知道有多少解放军战士在奋勇向前、英勇冲杀，也不知道有多少解放军战士光荣负伤、壮烈牺牲。正是有了解放军战士在边疆浴血杀敌、流血牺牲，我们才能坐在教室里安心学习。如果我们不努力学习，就对不起流血牺牲的边防战士。我们只有今天努力学习，掌握本领，练好体质，明天我们当兵了才能担当起保卫祖国的重任，才能使我们的弟弟妹妹，像我们今天一样能够安心地坐在教室里学习。”

又是一堂语文课，陈老师要求每个同学以边境自卫反击战为背景，以“天下

聂海胜和战友费俊龙胜利凯旋

兴亡，匹夫有责”为题，用两节课的时间写篇演讲稿，全班进行演讲比赛。演讲稿写好后先在小组比，每个小组选一人再在班里比。

班里比赛这天，聂海胜作为班长第一个上台，他从沙俄帝国侵占我国东北的大片领土开始讲起，讲到英法联军打进北京城火烧圆明园，八国联军攻占紫禁城，“九一八”日本占领我国的东三省，进而占领华北占领中国的大片领土，一直讲到眼下多年受我们援助的国家，反而恩将仇报向我们挑衅的事实。

最后聂海胜充满激情地说：“翻开中国的近代史，就是一部挨打史、屈辱史，让人感到沉重痛心。抵抗八国联军的时候，当外强打进来的时候，站出来舍身保国的人很多，可大刀片对洋枪，结果怎么会不失败呢？抗击日寇的时候，土步枪对飞机大炮坦克车，怎么会不丢掉大片山河呢？豺狼打进来了，在我们的国土上杀人放火，我们还要一次次给人家割地赔款。这是为什么呢？不就是因为我们落后吗！今天我们能够取得自卫反击战的胜利，除了正义的战争能赢得人心外，不就是因为我们强大了吗？‘天下兴亡，匹夫有责’。如果我们每一个青年学生，都把我们今天的学习，与国家的兴亡、民族的强大联系起来，从早就考虑将来要肩负起保卫祖国、建设祖国的责任，努力把文化知识学好，何愁我们中华民族不会像东方巨龙一样早日腾飞起来呢？”

聂海胜的演讲，赢得了同学们一遍又一遍地热烈鼓掌。可他讲完了却没有第二个同学上台，陈老师点了一位女同学的名，这位女同学站起来说：“聂海胜讲得太好了，听了聂海胜的演讲，我不敢讲了。”

全班同学们笑了，陈老师也笑了。

当一个学生在读初中的时候，就能把自己的学习与祖国的兴衰强弱联系起来，很早就在考虑要努力学习长大了报效祖国，这个学生将来一定是有志气有作为的人。

聂海胜从空军某航空学院毕业后，迅速成长为一名优秀的飞行员，在空军航空兵某师服役期间，创造了安全飞行1480小时的好成绩，并被评为一级飞行员，很快升任为飞行大队的副大队长。

1989年6月，聂海胜所在的部队装备了新型的歼击机，上级决定由技术全面心理素质过硬的聂海胜担任试飞任务。这天，当他驾机起飞加速向高空飞去的时候，突然机舱里“砰”地响起了爆炸声。霎时，飞机剧烈地抖动，减速、下降、舱内温度急剧升高。聂海胜沉着冷静，在向地面指挥部报告意外故障和各种仪表数据的同时，尝试着排除故障，同时努力将飞机向机场方位滑行。但发动机已停转，飞机在急速下坠。飞机距地面的距离越来越近，按有关规定此时他应该跳伞，地面塔台指挥部也给他下达了跳伞命令。此时他还在做最后的努力，只要有一线希望他也要争取将飞机安全着陆。但由于飞机距机场太远，无论如何也滑不到位，在千钧一发的时刻，他才咬牙按下弹射按钮跳伞。

由于聂海胜临危不惧，跳伞前为挽救飞机做了各种努力，又把没有来得及报出的各种数据记在了心间，为分析事故和机型改装提供了重要的参考依据，部队为表彰他的英勇行为给他记了三等功。不久，聂海胜又重返蓝天。半年后，他作为所在军区“岗位学雷锋积极分子”代表，在北京受到党和国家领导人接见。

入 团

面对鲜红的团旗，聂海胜握紧拳头庄严地举起了右手："我志愿加入中国共产主义青年团，坚决拥护中国共产党的领导，遵守团的章程，执行团的决议，履行团员义务，严守团的纪律，勤奋学习、积极工作、吃苦在前、享受在后，为共产主义事业而奋斗。"

这是聂海胜上初中的时候，光荣加入中国共产主义青年团在团旗下宣誓的那一幕。

这天，聂海胜和同年级的徐大清、张文香、杜进秀、杜先槐等同学一起光荣地加入了团组织。站在团旗下的聂海胜，脸色被团旗映照得通红，一颗激动的心久久难以平静。当程金凤老师把金光闪闪的团徽戴到他的胸前时，他那双炯炯有神的眼睛，看上去是那样的刚毅和坚定。

在全年级的同学中，聂海胜是第一批入团的，当围上来的同学们，或推推他或捶捶他向他表示祝贺时，他只是朝大家笑一笑。

聂海胜的笑同学们太熟悉了，从来都是那么真切、自然、爽朗。

平时爱说爱闹的杜随成，走到聂海胜跟前左瞅瞅右看看，又伸手摸摸海胜胸前的团徽，竖起大拇指在同学们中间转了一个圆圈后，很是严肃地说："海胜第一批入团我佩服，我也要向海胜学习，从今儿开始积极努力，争取早日也得个团徽戴在胸脯子上闪闪光。"

杜随成一句话，逗得同学们哈哈大笑。聂海胜收住笑后对同学们说："同学们只要树立理想不断努力，从各方面严格要求自己，脚踏实地勤奋学习，积极地向团组织靠拢，一定都能早日入团的。"

聂海胜入团的这一天，是桃花盛开的季节，空气格外的清新，放眼望去，到处都是绿油油的，以及花的影子。

中午放学后，聂海胜和同村的樊华忠、聂金玉等同学，像往常一样回家"跑伙"。过去早上和中午"跑伙"去来，他们都是说说笑笑，边走边跑，常常是一气儿跑到。为了给家里省双鞋，他们很多时候是光着脚跑，跑到村口或学校门口时再把鞋穿上。今天刚跑了两步，海胜却走了起来，一边走一边好像在想着什么。

此时，上午入团宣誓完后，程金凤老师对他们讲的那番话，又在海胜的耳边响起："同学们，大家要记住，从今天开始，你们就是一名光荣的共青团员了。共青团是中国共产党的后备军，你们在感到光荣的同时，更要感到肩上的责任。你们各方面在同学们中表现突出，入团以后要更加严格地要求自己，争取更好的成绩，处处走在同学们前面，给同学们作出表率。你们的年龄都还很小，你们是第一批入团的同学，要从早就树立远大的理想和抱负，要坚定信念志存高远，把握好自己的人生方向，要勇于担当、自信自强、敢为人先、追求卓越。"

想起程老师的这番话，海胜浑身猛地增添了很多力量，心潮起伏，思绪的波涛翻滚不停。他专注地看了看身边的两个同学后问他们："你们现在有理想吗？你们长大了想干什么？"

"能当兵的话，我只想当两年兵。"聂金玉首先回答。樊华忠想了想说："不知将来能不能考上学，要是能考上学就好了。"说到这，他转过脸问聂海胜："那你呢？你的理想是什么？"

"我很小的时候就想当兵，你们知道，我想当一个像我长远大哥那样的兵。后来，慢慢地我产生了当空军、当飞行员的想法，每次头上有飞机飞过的时候我都仔细看，我想看看飞机里面的飞行员。你想啊，当飞行员多来劲，打仗的时候从天上往地下打，机枪一响不就打倒敌人一大片。和平年代就在祖国的蓝天上巡逻，为祖国人民站岗放哨，哪里有敌人来侵略都能及时看到……"海胜完全沉浸在对理想的憧憬之中，最后表决心似地对两位童年伙伴说：“如果将来参军当飞行员了，我一定要当一名优秀的飞行员。”

聂海胜当时很激动，略停了一下，他又对两位童年伙伴说：“长大了我还想挣点钱，把我爹妈养活好，我走哪把我爹妈带到哪，为了我们，两位老人这一生太辛苦了，我要让他们晚年能过上幸福的生活。”

在脚下的这条六七里长的乡村公路上，聂金玉没算过他和聂海胜、樊华忠等同学跑过多少趟，但他却十分清楚地记得，他们的那次谈话是最长的一次。在这条能跑汽车的公路上，聂海胜从春跑到冬，整整跑了 3 年。

在全班 17 个“跑伙”生中，聂海胜是路程最远的几个学生之一。共青团员聂海胜，在入团前和入团后的 3 年时间里，不论春夏秋冬，不论雨雪风霜，从未迟到过一次。

共青团永远跟党走。

聂海胜和聂海胜的很多同学，后来又坚定地加入了中国共产党，他们感到了光荣和自豪。聂海胜也说对了，他的同学杜随成后来不仅入团了，参军到部队也入党了，退伍回乡后一直保持和发扬着部队的光荣传统。如今担任枣阳市杨垱镇赵堂村党支部书的杜随成，正天天在拼搏，日夜在操劳，他决心要把赵堂早日建成社会主义新农村。期待着哪一天，聂海胜两口子能到社会主义新农村的赵堂村里做客，到他家坐上席。

在聂海胜精神的鼓舞下，杜随成和很多聂海胜的同学们，以自己曾是聂海胜的同班同学而自豪，坚定自己的理想信念，在各自的工作岗位上，勇于拼搏，甘于奉献，自觉发光发热。在报效祖国、建设家乡、服务人民的实践中扬帆奋进，永葆青春，建功立业，让自己的青春放射出了耀眼的光芒。

大鱼送给老师吃

雨后晴稳的天气，晴空万里无云。

放眼望去，枣北平原的麦子熟了，绿树掩映的村庄像绿色的军舰，停泊在一望无际的金色麦浪之中。

这天，跑回家吃过午饭的聂海胜，像往常一样带上晚饭急急地向学校赶去。

他顶着热辣的太阳，刚出村拐弯走了不远，路边的渠沟里突然"扑通"一声，像有人朝水里扔了一个大石头。海胜猛地一惊，回头往身后看看，除了自己远近无人。

机敏的海胜马上明白了，水沟里有一条大鱼，估计是前两天下大雨时从上头大堰塘里窜出的。

乡下的娃都有逮鱼的经验，知道小沟小河的鱼有迎水往上窜的习惯，蓄水季节堰塘没开闸门，渠沟里只有从闸门和底涵管漏出的零星散水，鱼往上窜就等于进入了死胡同。但为了万无一失，海胜放下手里的东西后，还是快速往下游跑了一段选一个水位极浅的地方，折来树枝搬来石块砖头等堵住，筑成一道拦护墙，确信鱼跑不出去后立即脱掉衣裳，从下游往上慢慢摸去。

聂海胜判断得完全准确，在听到鱼翻腾的位置上游不远处他与鱼遭遇了。只见这条敏锐力大的鱼刚触到他的手，就呼地一下带着水花在他眼前跳起半人多高，海胜双手没来得及抱住，只听嗵地一声钻入水中的鱼带着一条白埂白晃晃地继续往上游逃奔。

上游的水越来越浅，海胜越来越小心。他怕鱼杀回马枪往深水处窜，双手双腿并用，小心翼翼地慢慢往上搜索。当第二次撞到这条鱼时，海胜手脚同时用力拦腰把它死死地摁住，摁了一会消耗一些鱼的力气后，再两手牢牢地抠住鱼的两鳃，把它从水中擒了起来。

同村同学聂金玉，走过来不明白聂海胜在干什么，老远就喊着问他："你咋脱那光哎，正晌午头你在这帮村里清渠沟？"

聂海胜一边把他刚才放在渠沟里的树枝、石块、砖头等往上捡，一边对聂金玉说："你看麦地边是啥，咋处理？"

聂金玉转脸一看："哎哟！好大一条野鲢子。"拎在手里掂了掂，笑哈哈地说："足有5斤重呀！提溜到杨垱街上卖掉吧！肯定能卖两块钱。"

聂海胜先笑了笑，又摇了摇头，与聂金玉商量着说："还是拎到学校老师食堂，送给老师们吃吧。"

看聂金玉不吭声，海胜又笑着对他说："现在把鱼拎到杨垱街，时间也来不及了，回来肯定要影响下午上课。老师们天天早起晚睡，备课上课还要批改作业，实在太辛苦了，用这条鱼炖一锅鱼汤，让老师们补补身体吧。"

没走两步，聂金玉又看着海胜担心地说："你送鱼给老师们吃，那要是有同学误以为你巴结老师，说你的闲话咋办呢？"

聂海胜沉思了一下说："不会的，真要有人说随他说去。岳飞是咋对待他老师的你忘记了吗？"

认定的事情海胜从来不管别人咋看咋说。心里愉快走路就快，两人走走跑跑说说笑笑，不一会就到了学校。

他俩把鱼送到老师食堂时，鱼还在地上乱蹦。伙房师傅邓光乐，看着鲜活的鱼喜滋滋地问海胜："你要多少钱？"

聂海胜回答："我也不是卖鱼的，我不要钱。我在渠沟里逮的，送给老师们吃。"

聂海胜坚持不要钱，伙房邓师傅很为难，说了半天没说拢，邓师傅建议海胜把鱼送给程金凤老师算了,说程老师生病几天了。

好主意,程老师生病了送给她最好。于是,海胜和聂金玉又把鱼送到程老师家。病中的程老师听海胜讲明了来意,又看到活蹦乱跳的大鱼,很是感动。起身来给海胜拿钱时,海胜丢下鱼和聂金玉一起早不知跑到哪去了。

学生知道孝敬老师,这是任何一个做老师的都感到无比高兴的事。但老师也不能白收学生一条鱼,程金凤老师当时虽不是聂海胜的任课老师,可她也知道海胜家兄弟姐妹多,家里比较困难,坚持要给海胜鱼钱。海胜不管程老师怎么说,推来让去,他就是不要钱。

程老师拗不过聂海胜,没办法,认真的程老师最终只好一直记着这件事,在下一学期开学的时候早早代聂海胜交了一个学期的学费。

关心老师,尊敬师长,是我们中华民族的传统美德,聂海胜出色地继承和发扬了我们伟大民族的这一光荣传统。聂海胜成为航天英雄后,他高中的班主任老师赵天智,曾给身边的人讲了几件有关聂海胜的故事。

…………

神舟六号飞越太空期间,女儿聂天翔在地面和父亲聂海胜通电话,祝父亲生日快乐

聂海胜从中国人民解放军空军某航空学院毕业，成为飞行员成为军官后，每次休假回乡都要去看看赵老师。一次，他到赵老师家正赶上赵老师拎着两只箩筐准备下楼捡煤球。海胜见状二话不说，挽起袖子从赵老师手里接过箩筐就要下楼，赵老师拦住他说："海胜，你现在是军官了，今天又是我家的客人，我不能让你干。"海胜笑着说："我不是军官的时候是老师的学生，我如今是军官了还是老师的学生，我啥时候都是老师的学生，能帮老师干一点体力活，我感到十分愉快。"

说完海胜楼上楼下地跑了起来，400 多块煤球，他很快就帮赵老师搬完了。当时赵老师住在 4 楼，他看海胜累得满头大汗，几次劝海胜休息一下。海胜一气干完后，才坐下来休息和赵老师说话。

初中学生聂海胜，逮条鱼送给病中的老师吃。军官聂海胜休假看望老师，帮年事已高的老师捡煤球。这些虽然都不是什么惊天动地的事，说起来却都很感人。初中学生聂海胜，当时异常困难，自己的经济状况十分差，军官聂海胜和同龄人比起来，各方面十分优越，政治地位、经济状况已发生了巨大的变化。但在关心老师、尊敬老师这一点上，聂海胜却一直没变。

小 老 师

不知道是从哪一天开始，也不知道是哪个同学最先喊的，在聂海胜上初中一年级下学期的时候，他“小老师”的绰号在同学中就喊开了。到初中二年级的时候，聂海胜“小老师”的绰号，不光全校的老师和同年级的同学们知道了，学校其他年级的同学们也都知道了。

进入初中的聂海胜，是一个“德、智、体”全面发展的优秀学生。特别是他突出的学习成绩，令老师们暗暗称奇。比如数学，每次月考和平时的小测验，成绩都是 100 分。有些难题、偏题，老师讲几遍不少同学还是没听懂，聂海胜一点就通，有些题老师刚写出来还没讲他就知道结果了。

聂海胜的物理和化学成绩像数学一样突出，他经常登上讲台给同学们讲课。有些难题，老师讲着讲着干脆就喊：“聂海胜你上来讲。”对题已经理解透彻，作为学生又特别理解学生的海胜，上去一讲就讲到了点子上，经老师和海胜同时讲过的题，同学们都记得特别牢。海胜还多次和数学老师杨际发一起，探讨同一个题的多种做法。

聂海胜上初中三年级的时候，更换新教材了。老师们和同学们一样，面临的都是新课题。物理老师常和忠在备课的时候，总好喊海胜去共同探讨，师生互相启发，共同提高。

聂海胜在语文学习方面，背记的内容特别多，初中头两年学过的课程，和小学学过的东西，他都记得很清楚，什么内容是什么时候学的，要点是哪些他也很清楚。要求背记的古文、诗词和警句等他都能熟练背诵，一些没要求背诵的好文章、名人名言等，他也能熟练背诵。

聂海胜在学习上，除了眼到手到外，关键是心到，很专心很注意理解。对疑点难点和偶尔做错的题，从不放过。晚自习，他能连续一两个小时坐那不动，凝思专注于某一个问题或内容。课堂学习任务完成后，他很少加班加点。业余时间他喜欢和同学们一起打篮球、跳高、跳远。乡村小孩特喜欢玩的“捣蹴”、“逮羊”、“牤牛顶战”等活动，他都是积极分子。

一天数学课刚开始，杨老师临时有点事，喊了一声“聂海胜，你来讲”，就放心地走了。当海胜像过去一样笑微微轻快地跑上讲台讲课时，同学们已经习惯了，感觉就像老师在上面讲一样。海胜经常上讲台讲课，对他的口头表达能力也是极好的锻炼。

记得海胜第一次上台讲课时，他也是像今天这样笑微微轻快地跑上讲台，刚上讲台还没站稳，同学们不知是出于什么原因，轰的一声都笑了起来，给海胜笑了个大红脸。可当海胜开始讲课时，课堂马上安静下来。不知是海胜课讲得好，还是人缘好，还是别的什么原因，他每次讲课时，课堂上总是很安静，同学们听得很认真。

晚自习的时间，遇到老师开会、备课没时间到教室，班里都由聂海胜主持。遇到难题，就有人喊“小老师还不上台给我们讲讲”。有时没人喊，他也主动地跑上去讲讲。跑上跑下，步伐都是那样地轻快，脸上总是挂着甜甜的微笑。轻快的步伐，透出海胜的一种自信心与荣誉感。

一次数学测验，有一道题不算十分难，但不是书上的，老师也没讲过，好多同学做到了却又拿不准。一向监考很严的数学老师，那天走出教室一会，好像是故意留给同学们一点时间，让大家商量商量那道题。尽管老师离开了教室，但胆小的同学们没有一人离开座位，而是采用递纸条的办法互相求证。结果，纸条纷纷飞到了聂海胜的座位，得到海胜的肯定后大家心里才踏实。

平时做作业和早晚自习的时候，经常有同学向海胜请教，只要有同学问他，他都是有求必应，耐心地给同学讲解。同样一道题问的人多了，他就主动跑到讲台上，把题写在黑板上给大家讲。刚开始同学们喊他“小老师”时，他总是拦着不让喊，结果他越拦同学们喊得越起劲。时间长了，喊的和被喊的都习惯了。但有一点，他把握得比较牢，不管谁喊，事该咋办就咋办，总是光笑不答应。

有一次，班里一个学习成绩比较好的女同学，有一道物理题弄去弄来弄不明白，好多女同学也都没弄懂那道题。那位女同学就学着男同学的样子，大声喊道：“小老师，请你给我们讲一讲！”不知是这一声来的太突然，还是紧张了，还是本能意识的作用，聂海胜竟响亮地答应了一声。他无意中，在同学们面前得意了一次。

这一下教室里可热闹啦，同学们笑得十分开心。

聂海胜人生的成功，首先是学习的成功、是学生时代的成功。

在聂海胜的学生时代，偏僻乡村由于师资力量不足，高年级成绩好的学生给低年级学生当老师的很多，而同年级同班的学生给同学们当老师的却很鲜见。

聂海胜不仅开了先河，而且他的老师当得还很称职。虽然老师前面没带姓而多带了个“小”字，同学们却很喜欢听他讲课，他讲课时老师们放心，同学们开心。

聂海胜的很多同学曾对笔者说：“高中毕业后，聂海胜如果不当兵，而是到学校去教书，他一定是一位优秀的教师。”

谈起聂海胜的学习成绩，他的很多同学这样说：“聂海胜就是一个谜！”他的谜在哪呢？除了英语，他的学习成绩门门都好，数、理、化三门特别好，很多公式、方程式他都熟记于心。聂海胜写作文从不打草稿，一气呵成一遍成功，在班里总是第一个交卷。要求背记的课文，包括长篇的文言文他都背得很快。在学习上很少见他加班，也很少见他熬夜，课余玩起来他比谁都活跃。但学习上遇到难点和偶尔做错的题他从不放过，非把它攻破不可。

聂海胜在学习上成功的秘诀，分析研究一下其实很简单，就是建立在自觉基础上的用心。在很多细节上已养成好的习惯。玩，是每一个小孩的天性，青少年时期贪玩并不错。只要稍微注意那么一点点就行了，这就是该玩的时候放开玩，该学的时候专心学。坚守这一细节，养成良好的习惯就足够了。那些该学的时候偷着玩，该玩的时候因学习任务没完成又不得不学的同学，学习上虽然花费的时间长，学习效果却很差。再比如，星期天早上贪睡的同学很普遍，有很多睡醒了也不起长时间赖在床上。星期天的早上，聂海胜也不刻意早起，但睡醒了他是一定要起床的，醒必起已成习惯。

宁死不屈是坚强，像革命烈士夏明翰、杨靖宇、刘胡兰等，他们的坚强表现在坚定的理想信念和肢体皮肉上。聂海胜坚守细节、养成好的生活方式也是坚强。这种坚强表现在生活习惯里，无论顺境逆境都泰然地坚持一种好的生活方式。

细节决定成败。好习惯成就辉煌。

乡情似海

1980年农历正月，天总是阴沉沉灰蒙蒙的，尖溜溜的西北风像锥子一样直往人身上钻。

年还没过完，聂海胜的父亲聂云华突然病倒了。脸色腊黄，虚汗直冒，呕吐不止，肚子疼痛难忍，看来病得不轻。当即，海胜和母亲套好板车，在亲友们的帮助下，冒着零星的雨雪把父亲送到了镇卫生院。

学校开学这天，父亲的病丝毫没见好转，海胜想请假继续照顾父亲，可父亲坚决不同意。刚强的父亲，说话虽有些困难，但还是把海胜叫到床头叮嘱他说："娃呀！你不要管我，有你妈你姐她们在这就行了，你小爹他们也不住地来看我，你不要为我担心，快上学去吧。"

刚说到这，海胜父亲大口大口喘着粗气，不停地咳嗽起来。稳定下来后，海胜父亲双目盯着他注视了一会后又说："你学习成绩好，明年就要上高中了，若能考上你就是我们聂家人老几代的第一个高中生，一定要把书读完。我浑身没有一点劲，肚子像刀割一样的疼，恐怕是活不成了，就是这回我死了你也要努力把书读完……"

说到这，海胜和妈妈、姐姐都哭了起来，看海胜还站着不走，已无力说话的父亲着急地向他摆摆手。

父亲病成这样，作为儿子的海胜此时咋能忍心离开呢？看海胜不想动步，从小到大从没打过他的母亲，从病房门口摸出了一个长长的拖把举向他吼道：

“你去不去上学？”

母亲严厉的面容和神情告诉海胜，他只要敢说出个“不”字或再站着不动步，母亲手中的木棒就要向他打来。海胜为了不让母亲和病重的父亲再伤心，只好恋恋不舍地离开了病房。

海胜边哭边跑，一气从杨垱镇卫生院跑到了孙寨中学。到学校门口，他擦干眼泪走进了教室。

当天，母亲根据医生的意见，在亲人们的帮助下，瞒着海胜把病情加重的海胜爹，送到了县第一人民医院。

正月十九的早上，当海胜的堂兄聂长远匆匆赶到医院时，海胜的父亲已因胃穿孔永远地离开了人世。这位已由解放军炮兵部队的连长升任为军需股长的军人，在一边安慰婶母的同时，一边果断地开始料理叔父的后事。

按照当地的风俗，人死了不能一直用车拉到家，到村子近处的时候，要由四个人抬着回村里。刚出杨垱街往西走了一点，长远大哥就和乡亲们把海胜父亲抬了起来往回走，海胜的母亲和姐姐们跟在后面哭成了泪人。

孙寨中学紧靠路边，路过学校时同学们听说是聂海胜的父亲病故了，都站起来从窗口往外看。当海胜看到父亲被抬着回来了时，哇地一声趴在课桌上大哭起来。赵老师走到跟前轻拍着他的肩膀，一边安慰他不要过于悲伤注意节哀，一边提醒他快回去帮家里安葬父亲。

海胜疯了似地哭着向父亲跑去。他趴在父亲的胸前哭喊道：“爹！您这是怎么了？您咋不说话呢？您咋不睁眼看看我呢？”

父亲走得太早太急。海胜的哭喊声，悲切苍凉，在场的人都忍不住大哭起来。

泪流满面的大哥，看海胜过于悲伤，抓住他的手劝他说：“海胜啊！光悲伤可不行呀！你也快长大了，你要学会坚强啊！”

海胜擦掉眼泪，挺起胸脯，走在最前面和大哥们一起抬着父亲回家。

父亲去世的那一年，上初中二年级的海胜刚 16 岁，妹妹聂海凤 11 岁，小弟弟聂新胜才 4 岁，家里因父亲住院治病还有大几百块钱的欠账。

坚强的母亲虽然挺住了,可身为家里长子的聂海胜却感到了肩上的责任。他想停学几年回队里参加劳动帮帮母亲,减轻一点母亲的负担,等家里经济状况好转些了再继续上学。他把这一想法告诉母亲,母亲坚决不同意。停学,对他来讲是一件很痛苦很不情愿的事,继续上学家里太困难,母亲太辛苦。16 岁的聂海胜陷入了深深的矛盾之中。

这是个星期天,海胜像过去一样,一到节假日就在队里参加劳动,为家里挣点工分。这时的海胜,虽然还没有完全成年,可他个子不矮,干农活既用心又舍得卖力,乡亲们谁见了谁喜欢。

晚上收工时,队长安排第二天清渠沟,一家出一个男劳力。说者无意,听者有心。海胜在心里想,明天我上学去了,家里只有四岁的弟弟是男的,难道叫他扛锹上工地去清渠吗?男子汉的责任感,促使他下了停学回队里参加劳动的决心。

第二天早上,海胜请同学给老师捎了个请假口信,然后扛着铁锹大步走向了工地。中午收工回来,母亲又流着眼泪劝他。任母亲怎样说怎样劝,海胜就是不接腔。母亲看出来了,海胜这回是铁了心了。做母亲的最了解自己的儿子,海胜下了决心的事,别人是很难改变他的。

就这样让海胜停学,做母亲的内心实在不甘。她找到海胜的小爹和大爹,要他们劝劝海胜。

聂海胜的小爹聂云定,上午看到海胜扛着铁锹上工地,还以为是学校放假了。工地上看海胜不说话,心里好像不愉快,只埋头干活,也就没上前和他打招呼。

听说海胜不准备上学了,海胜的大爹和小爹,两位长辈相约来到海胜家,对海胜母子说了他们商量的两条意见:一是海胜必须去上学,没有学费由他们想办法;二是有他们吃的就有海胜一家吃的。

聂海胜停学的消息在村里传开后,乡亲们都很惋惜,纷纷议论说,海胜聪明有志气,村里从没出过像他成绩这么好的娃,初中还没毕业就不上了这咋行呢?

根据乡亲们的意见，队长和会计商量后也做出了两条决定：一是免除聂海胜家男劳力参加的义务工；二是每年给聂海胜家照顾两个人的口粮。

聂海胜两天没上学，班主任老师赵新安很着急，晚上向杜本武校长作了汇报，并说准备明天到海胜家里去看看。

“不行！现在就去，我俩一起去！”一向爱惜人才而又果敢明快的杜校长边说边站了起来。赵新安提醒他说：“这会儿雨下得正大。”

“下刀子也要去！”杜校长态度坚决，缓了口气又接着说：“像聂海胜这样的好苗子，如果在我们手里辍学了，那我们就是罪人。我们是干啥的？我们是老师！我们的职责是教书育人，是为国家和社会培养人才的。”

聂海胜和爱人聂婕琳、女儿聂天翔全家游长城

杜校长是个急性子，站起来说走就走。两位老师找来雨具却没找到手电筒，雨夜里跌跌撞撞，向他们的学生聂海胜家艰难地走去。七八里路，两位老师走了一个小时才来到聂海胜家。当海胜打开门时，看到从雨地里进来的两人，是他的校长和班主任老师，激动得半天不知说啥好。海胜的母亲，看到两位老师满身都是泥水，感动得眼泪直掉。

杜校长端详着聂海胜,开门见山地说:“学杂费全免,书本费全免,明天你必须上学!”

说完,一双敏锐的眼睛直视着聂海胜。那眼神十分明确地在告诉他,你必须按我说的办,你必须明天去上学。

多么好的乡亲呀!多么好的老师呀!此时的聂海胜已是泪流满面了。他站在两位老师面前,坚定地说:“杜老师、赵老师,我现在就跟你们走,我要回学校把书读完!”

聂海胜背上书包,背上妈妈早为他准备好的炒面,跟在两位老师的后面,头顶着风雨,坚定地向学校走去……

聂庄村西南角有一个小稻场,稻场的边上有一片不起眼的坟茔。笔者第一次到聂庄,去时匆忙离开时天已黑尽,对聂庄的村容村貌和周边环境没能细细考察。

第二次到聂庄时间是上午,笔者还特意邀约了和聂海胜同一行政村的徐贵所同行。徐贵所的老家徐庄,距聂庄只有两里路,在村里当过会计、队长、民办教师,后在杨垱镇委担任秘书、组织委员、镇委副书记,退休前在毗邻杨垱的徐寨乡当乡长多年,村里人们都称赞他是最有知识的人。到村里,我们一行四人原本想先去看古石桥,一抬头我看到村西南有一棵参天大树。这棵树枝叶繁茂苍翠欲滴,徐乡长一人抱不住,我用手量了量还余两拃四指。徐乡长对我们说,这里位于鄂豫两省四县交界的位置,方圆上百里没有这么大的树,就是到枣南山里面也很难找到这么大的树。

这时,只见一人手里拿着扁担奔跑过来,神气有些凶,近些了我看清是海胜的本家小爹聂云定。上前与他打招呼,老人家笑起来,说他眼神不好,误以为我们要对这棵树怎样,所以就抱着扁担过来了。我往远处看,还有几人也手拿扁担在往这边奔跑,显然是接应云定老人,也是来保护这棵树的。乡亲们对这棵树如此呵护,看来它不一般。原来,海胜父亲的坟就在这棵树下面,树生长的位置正巧是坟脚立碑的位置。在这片坟茔中,海胜父亲的坟堆最小最矮。不知什么原因,也是唯一一座没立碑的坟。

是先有坟还是先有这棵树呢？我们分析,应该是先有坟后有树,如果先有树后有坟,很有可能在海胜父亲下葬的时候,这棵树或树苗就被挖掉了。云定老人和在场的乡亲们都证实,我们的分析是正确的,是先有坟两年后才长出的这棵树。这是一棵楝树,徐乡长对我说,楝树分黄楝树和黑楝树,夏季天热的时候,黑楝树臭,黄楝树不臭。楝树的木材可以制器具,楝树的种子、树皮、根皮都可入药。徐乡长说的有根有据,翻开词典查看,他说的和词典说的完全一致。

这棵楝树为什么没长在其他村,唯独长在聂庄呢？这里是一小片坟地,向东南走 100 米过渠沟还有两片面积更大的坟地,为什么别的坟上都没长树,唯有海胜父亲的坟上长了这棵树,又正巧长在立碑的位置呢？老人家在村里当队长多年直到病逝,为村里人操劳一生,生前生后都受人尊敬。有人说,这棵树是海胜的老爹变的,他老人家死后还在为大家遮雨挡风谋求福祉,变成一棵树看着家乡的变化,关心村里的发展,也关心着子女们的成长。老人家生前一直对儿子聂海胜抱有希望,希望他学有所成,将来有所作为。开始,谁都没有想到,这棵树竟越长越大,越长越高。如今,枝繁叶茂,成为一方独特风景。于是,村里村外很多人说,这是天意。乡亲们对这棵树的呵护,是实实在在的感情所系,这棵树仿佛在印证着人们的某种说法似的。我认为,生长在聂庄的这棵大树,既是天意巧合,也是民心所聚。

2006 年元宵节前,完成"神六"航天飞行任务,已成为航天英雄的聂海胜,回乡看望母亲与家人团聚。枣阳市委原计划举行一个大型活动,欢迎航天英雄荣归故里,被聂海胜婉言谢绝了,市委只好在财培宾馆二楼会议室,举行了一个小规模的"欢迎聂海胜回乡探亲座谈会"。各乡镇、市直各部办委局,只一名主要负责人参加,笔者坐在最后一排靠窗户的位置,身后挤满了记者。在这次会上,提起家乡、提起母亲,身着大校军服的聂海胜三次流下了热泪。他说完成"神六"

航天飞行任务后，他作过很多报告，到过很多地方，每次提起家乡，提起母亲他都想落泪，但他都忍住了。今天面对家乡，面对家乡的亲人他忍不住了。他最后说："是人民养育了我，是家乡的父老乡亲成就了我。我能有今天，荣誉应该属于祖国，属于家乡，属于父老乡亲。"

正月十五这天上午，聂海胜携妻子女儿回到杨垱北街他的新家时，看到家门口聚集了很多人，远处还有不少人在朝他家门口走来跑来，他小声对妻子女儿和身边的人说："这都是我的乡亲呀！"

他站在一个高处，面对乡亲们、面对养育他的这片土地，深深地鞠了一躬。这一躬，包含着聂海胜多少由衷之语呀！

考　验

老师教育和鼓励学生好好学习有很多手段，其中采用最多的方法，也是被老师们认为效果最好的方法，就是舍得给学生戴"高帽子"。

聂海胜初二上学期开学不久，学校又进行了一次年级统考。在这次年级统考中，聂海胜又以扎实的基础和出色的临场发挥，夺得了语文、数学、物理、化学四个第一和总分第一的好成绩。加上一年级的 10 次统考，在这 11 次考试竞赛中，聂海胜每次的考试成绩总分都是年级第一名。考试结果揭榜后，很多同学向他伸出了大拇指，并做出了戴帽子的手势。聂海胜明白同学们的意思，是说他又要受表扬了。

这天下午，学校的总结表扬大会开始了，出乎同学们意料的是，包括聂海胜在内夺得这次统考前三名的同学，谁都没有受到表扬。受到提名表扬的六位同学，有的是以前从未受过表扬，有的考试分数还比较低。正在同学们一片惊诧、议论纷纷之时，只听校长杜本武说："这次受到表扬的六位同学，他们的考试成绩，没有一个是年级前三名。但他们六位同学，是这次考试中进步幅度最大的。学无止境，没有最好，只有更好。只有不断进步，才能最终取得好成绩。"不以成绩论英雄，只要努力了，进步了，就应该受到表扬。

按照惯例，受到表扬的同学，要走到台前胸戴大红花，接受老师和同学们的鼓掌祝贺。热烈的掌声后，杜校长接着说："在我们老师的眼里，你们每一个同学都是树苗，树苗有强苗、中苗、弱苗之分，我们希望，强苗能更强，中苗能变强苗,弱苗能变中苗变强苗。能当强苗当然好,当不了强苗,能不断地有所进步也很不错,只要努力每个人都有可能成为强苗。一句话,我们老师希望每一个同学都能茁壮成长。”从始至终,杜校长都没有表杨聂海胜等考试取得前几名的同学。

这次统考后,年级任课老师开了一个教研会,老师们普遍感到,除聂海胜等少数几个同学外,多数成绩好的同学成绩不稳,很多开始成绩好的同学成绩下降了。这些同学成绩下降的原因,不是基础问题,而是态度问题。有的是经不起表扬,一表扬就骄傲自满,结果成绩就垮下来了。有的是经不起挫折,一次没考好,心理上就产生压力,再次考试时成绩更差。针对这一情况,老师们认真分析研究,集思广益制订了一个整改方案,杜校长给这个方案取名为“考验”。杜校长认为,表扬多了,可能对聂海胜等成长不利。取得了成绩该表扬不表扬,也不一定是什么坏事。这是从长计议,这是在培养学生的学习态度、增强他们的学习自觉性。这是更大的爱啊!

对成绩差的要考验,对成绩好的也要考验。谁能经受住考验,谁将最终取得好的成绩。进入初中阶段的学生,正处在青春变化最明显的时期,这个时期他们的心理生理变化最大,这个时期他们在学习上的伸缩性也最大。成绩差的若用心用功,把心思集中到学习上,成绩有可能明显提高。成绩好的由于这样那样的原因,成绩有可能明显下降。初中奠定的坚实基础,将直接决定高中的学习成绩。把他们的心理素质培养好,提高他们的心理承受能力,端正他们的学习态度,激发他们的学习积极性,比什么都重要。

这个“考验”方案分三步进行:一是按成绩张榜公布考试结果。二是革新讲评方式。改过去表扬成绩好的前六名,为表扬成绩提高幅度最大的前六名。对成绩好的不表扬,对成绩差的也不批评。三是以“考验”为题进行一次作文大赛。作文要求以最近一次的统考结果为题材,结合自己的思想经历来写。通过这三步,达到一个目的,考试取得好成绩的不要骄傲,成绩差的不要泄气。面对考试结果,胜不骄败不馁。作文只要写到这一层,就抓住了主题,就算达到了目的。

年级讲评表彰会后，班主任老师、任课老师和学校的领导们，都在注视着聂海胜等考试成绩好而又没有受到表扬的同学，看他们的情绪和学习态度有没有什么变化，希望他们能够经受住成绩好的考验，也希望成绩差的同学经受住成绩差的考验。

这次年级讲评会，同学们都感到反常，但大都没意识到是老师们故意在考验同学们，在培养同学们养成好的学习态度。一周后，以“考验”为题的年级作文大赛开始，同学们才恍然大悟，明白了老师们的良苦用心。没考好的要经受考验，考好了的也须经受考验，这是成熟的教育思想。

作文比赛两节课时间，第三、第四节课是自习。当时，校长杜本武就要来了聂海胜的作文。聂海胜的作文不仅理解了老师的意图，完全抓住了主题，他还深入地写了一层。杜校长看着看着大声朗读了起来：“在将来人生漫长的道路上，每一个人只要努力，都有可能辉煌。由于这样那样的原因，也有可能进入低谷。辉煌的时候，不骄傲自满，不得意忘形，谦虚谨慎，保持头脑清醒，看到自己的差距和不足，能够经受成功的考验，才有可能再度取得成绩，再度辉煌。进入低谷的时候，更是对自己意志、信念、品节的考验，只有经受住考验，不小瞧自己，不怨天尤人，充满信心，脚踏实地，立即行动，坚持拼搏到底，才有可能最终取得成功……”

读到这里，杜校长激动了，他对在场的老师们说：“聂海胜这娃不简单，他已登高望远了。”联想到海胜平时少言寡语，注重行动，总是说的比做的更好，他又接着自己的话说：“如果孙寨中学将来能出几个人才的话，我看第一个就是聂海胜。”

聂海胜上初二的时候，班主任兼语文老师是赵新安。赵老师对杜校长说：“你再往下读，你把他的作文读完。”

杜校长捧着海胜的作文本又高声读道：“进入初中的学生，应该明确人生的目标，树立自己的理想。我的理想就是长大了当兵，当一名光荣的空军飞行员。这一理想将来能不能实现我不知道，但我知道，要实现这一理想，必须从早、从现在开始努力，现在必须要发愤学习，打好文化知识的基础。所以，我要经受住考试取得好成绩的考验，在成绩面前应该看到自己的不足。在我看来，取得点成绩就骄傲自满，是目光短浅、没有志气的表现，这样的人将来肯定是没有作为的人。只有不停地努力，不断地攀登，崇尚先进，追求崇高，才有可能实现自己的理想。”

在场的数学老师杨继发，平时对学生们的语文成绩和作文不怎么关心，聂海胜的这篇作文深深吸引和感染了他。他对杜校长说：“有必要在全体同学们中，推荐聂海胜的这篇作文。”杨老师的这一建议，得到了杜校长和老师们的一致赞同。

聂海胜的这篇作文，和他始终如一的学习成绩，在全校宣传表彰后，一个比、学、赶、帮、超的学习竞赛热潮，很快在孙寨中学掀起。在激烈的竞赛中，直到初中毕业，海胜的成绩总分，始终保持在年级第一。海胜在优异成绩面前不骄傲不自满，他出色地经受住了学校的考验。

每个人的一生都要经历很多次考验，从某种意义上说，能经受住各种考验的人就是成功者。反之，就是失败者。

成了航天英雄，成了“感动中国”的新闻人物，受到总书记、国家主席胡锦涛的接见后，聂海胜不论走到哪里，人们都像众星捧月一样欢迎他、赞誉他。在鲜花和掌声面前，他留给人们的印象是那样的谦虚、谨慎、冷静，看上去就像开在春风里的一朵花芳香自然，像庄稼地里熟透了的一株麦穗饱满沉稳，像他的家乡枣阳沙河里的一颗石子晶莹闪亮。在与聂海胜的多次电话交谈时，有一次他曾对笔者说：“在宇航员的身后，有十多万科技工作者在辛勤工作，神舟六号能够飞天成功，是祖国强大的标志，是集体智慧的结晶，是几代航天人共同努力的结果。成绩属于大家，荣誉属于祖国。”

聂海胜在巨大的成绩和荣誉面前，越是谦虚谨慎，家乡的人民越是仰慕他喜爱他。

2006年2月11日，完成“神六”航天飞行任务后第一次回乡的聂海胜，在襄樊市委和襄樊军分区领导的陪同下，先后到襄樊四中与学校师生代表进行座谈，到襄樊五中和同学代表一起过“状元桥”，到军分区向官兵介绍我国航天事业的概况和航天员的训练情况，晚上在南湖宾馆和襄樊市委、市政府的全体领导见面，向家乡的领导汇报自己和战友一起完成“神六”飞行任务的过程和感受，汇报自己在部队的成长经历。

当学校师生、分区官兵、家乡领导称赞他让全世界五分之一的心灵、随着他们的节奏跳动了五天五夜时，称赞他为国家作出贡献、为家乡争得了荣誉时，称赞他是国家和民族的英雄时，聂海胜不停地说：“我始终是一个普通的人，我是一个襄樊人，我是一个枣阳人。”“我是一个兵，我是一个战士。”“我所能做的，我们航天员训练大队的战友都能做。”在家乡领导面前，聂海胜十分激动地说：“非常感谢襄樊各级党委、政府对我的关心支持，对我家庭的关怀帮助，对我母亲的大力救治。从太空回来，我发现家乡各级党委、政府和父老乡亲一直都在牵挂着我，支持着我，使我非常感动，非常感激。一句话，我所取得的成绩是家乡党委、政府和父老乡亲关心支持的结果。荣誉属于祖国，荣誉属于家乡的父老乡亲。我今后将永不懈怠，继续努力，为祖国、为家乡争取更大的荣誉。”

报效祖国，服务人民，是我们中华民族亘古就有的光荣传统和美德，聂海胜出色地继承和发扬了这一传统和美德，在巨大的荣誉面前，他丝毫没有出现找不到北的现象。作为军人的聂海胜，他把完成航天飞行任务，看成是自己的神圣职责和应尽义务，看成是自己对祖国对人民对家乡的回报。能为祖国的航天事业做一点工作，他在感到无尚光荣和幸福的同时，也觉得很平常。他多次说：“我是祖国培养的一名航天员，我和战友一起完成航天飞行任务，就像工人做工、农民种地一样，是我份内的事，是一件很平常的工作。”

“神六”飞天成功，社会各界出于对航天英雄的敬仰和对他家的关爱，纷纷向他家捐款捐物。当枣阳金兰集团率先向他家捐款五万元人民币、二汽襄樊基地向他家捐了一台东风汽车后，捐款捐物的热潮一发不可收。

聂海胜听说后心里很是不安，在妻子聂婕琳的支持下，通过新闻媒体在向社会各界表示感谢的同时，坚决谢绝了各方面的捐赠，恳切地表示他和妻子的工资收入，已足够家庭的各项开支和敬奉老母等。

对有关部门已经收下的款物，他几乎是一天一个电话给家里、给当地政府、给市委的领导，直到这些款物在当地政府的安排下，全部转赠给了敬老院、学校和“希望工程”时，聂海胜和妻子聂婕琳在北京才放下心来。

煤 油 灯

这天晚上，快下晚自习的时候，既是初三年级化学老师，又是校长的杜本武，走进聂海胜他们班的教室，送来了最近一次的化学考试卷子，并对同学们说有一道题全年级同学都做错了，化学课时他要专门讲这道题。

聂海胜拿到试卷就用心地看了起来。那个时候孙寨中学还没通电，晚自习同学们各备各的灯。有的是小马灯，有的是罩子灯，海胜用的是一盏自制的煤油小台灯。下自习了，同学们都拎起自己的小灯，离开教室到寝室了。教室里一下暗了起来，只有聂海胜的一盏煤油灯火苗一闪一闪的。

聂海胜把那道题看了一遍又一遍，反复多次演练总弄不对。他就拿出化学书把与那道题有关的内容从头至尾细细看了一遍，再重新做那道题时，还是突破不了原来的思路。他就这样一边看书，一边思索，反反复复，寻求正确的答案。

这天晚上天气格外晴朗，头顶上群星点点，半个月亮的余辉亮闪闪地洒向银河。

每天晚上睡觉前，杜本武校长习惯地在学校里转一圈，看看大门锁没锁，各个教室的门窗关没关。从屋里出来刚走了几步，杜校长看到了初三(1)班教室里的灯光。走近一看，教室门没关，借着煤油灯的光亮，杜校长看清了灯影旁坐着的是聂海胜，他估计海胜正在攻那道化学题。

杜校长走进教室，快到海胜身边时，专心致志的海胜才发现，忙站起来："杜老师您还没睡？"

“你在干什么？是不是在做那道化学题？”杜校长一边问一边走到了海胜的跟前。看他果然在做那道化学题时，又关切地对他说：“海胜呀！时间晚了，已 11 点多了，这道题我还要讲的，快睡觉去吧。”

聂海胜笑着与校长商量：“杜老师，让我把这道题弄透吧。”

杜校长是个急性子：“那干脆我给你讲讲算了。”

看校长要给自己讲这道题，海胜忙摇了摇头笑着说：“我已经有些眉目了，还是让我自己做吧。杜老师您先回屋休息，我把这道题做出来就去睡觉。”海胜有股子倔劲，爱啃硬骨头。

这道题的做法、答案，杜校长都熟记于心，张口就来。包括这会海胜难在哪里，他心里都很清楚，但杜校长还是尊重了海胜的意见，迈着轻轻的步伐将门关上后离开了。

杜校长在学校转了一圈回来，路过初三(1)班教室门前时，远远地透过窗户玻璃又注目着聂海胜。

杜校长怕走近了打扰海胜，他看海胜借着煤油灯的光亮，神情是那么的专注，他在心里对海胜说，海胜你拼搏吧，在人生的道路上，需要的就是你这种拼搏精神。可你也要注意身体呀！你不是早就树立了理想，长大了想当飞行员驾飞机飞向祖国的蓝天吗？只有顽强拼搏加健壮的体格，你才飞得起来呀！

此刻，夜已经很深了。

教室内煤油灯旁的聂海胜没有丝毫的睡意，正在苦心钻研一道化学难题。教室外星光下的杜校长也没有丝毫的睡意，看着眼前可爱的海胜，他想起了自己的学生时代。

在枣阳一中上高中的时候，他成绩很好，特别喜欢化学，是班里的学习委员，他当时的理想就是想考入武汉大学化学系。化学任课老师、班主任老师，还有学校的领导都很支持他，认为他完全有可能考上。毕业考试他取得了优秀的成绩，不知是巧合还是命运捉弄他，临高考的前几天他突然得了一场大病，先是高烧不退，烧得人说胡话，接着浑身发冷，腹泻拉肚子，住医院治疗一个多月才好，第二年就赶上 1966 年“文化大革命”了。想到这里，杜校长有些伤感起来……

天上的月亮，已不知啥时候躲起来休息去了，四周没有一丝的光亮，校园里静悄悄的。此刻，聂海胜那盏小煤油灯燃烧的火苗显得格外的明亮，亮光穿透教室后面的玻璃映照得很远很远。

回到宿舍，杜校长没有马上睡觉，不知他是想陪陪海胜，静夜里给海胜做个伴，还是感到有学生没睡，他作为校长当天的工作还没结束，就点上灯也看起书来。

再难的化学题都不是高不可攀的，只要有恒心就能掌握它。煤油灯旁的聂海胜脸上露出了甜蜜的微笑，经过反复地演练，他终于独立地把那道题清清楚楚地做出来了。这时，远近村庄上叫明的公鸡都开始喔喔喔叫了起来，仿佛在向聂海胜表示祝贺。

通过做这道题，聂海胜悟出了一个道理，就是俗话说的，“世上无难事，只怕有心人”。他还得出一个体会，并多次把自己的体会介绍给同学们：“在难题面前，你一直钻研，永不退却，加上平时的积累，一旦思路理顺，灵感有可能说来就来了。灵感来自执著加积累。”

聂海胜走出教室关好门，刚转身看到杜校长宿舍里还有灯光，校长还坐在灯前看书。

聂海胜意识到，校长有可能在陪自己，就悄悄跑到校长门口，压低声音说：“杜老师，那道题我已做完了。”当杜校长开门出来，海胜已转身跑去很远。

第二天早自习时，杜校长专门来看海胜做的那道题，结果完全正确。聂海胜兴奋地对杜校长说：“杜老师，这道题我一辈子都忘不了啦！”说完，师生二人会心地笑了。

早上刚起床，时间还不到 6 点，笔者突然听到敲门声。是谁这么早来敲门呢？开门一看，完全出乎意料，是聂海胜初中的化学老师、初中学校的校长杜本武，我热情地把杜校长迎进客厅。

杜校长这么早找到我家里，是要向我进一步介绍聂海胜。看得出，他要不把他想说的话尽快告诉我，他会吃饭不香睡觉不稳的。他深情地讲，我认真地记，不知不觉我俩谈到了8点多钟。

在聂海胜离开孙寨中学以后的二十多年时间里，杜本武在学校无数次地宣讲聂海胜，讲海胜的为人，讲海胜的经历，讲海胜的理想，讲海胜刻苦学习的故事，他一次次把聂海胜油画般地搬到他后来的学生们面前。他希望他所有的学生，都能像聂海胜那样胸怀理想，发愤读书，拼搏进取，立志报国。

采写聂海胜的过程中，我和杜本武校长8次见面，二十多次通电话。每次谈起聂海胜，他满脸都是笑，他都显得年轻，显得幸福。

一位校长老师，能关注自己的学生二十多年如一日，热情如火一样炽烈，这所学校能出现奇迹就不足为奇了。杜本武校长对海胜的爱，已超出普通的师生关系，那是一种神圣的爱。他的教育实践证明，农村学校也能出教育家。

海胜不仅飞天成功，他的为人、他在做人做事的很多方面都是成功者，这中间就有他的校长、老师和父母的影子。教出一个成绩优异的学生可贵，塑造出一个德才兼备、出类拔萃的人才更可贵！

鬼没有了

在聂海胜上初中三年级最后一个学期的时候，他们班男生寝室悄悄闹起了鬼。

开始是两个同学站在窗口说话，无意中看到窗外不远处的堰埂上，有一团火飘忽不定，忽大忽小，感到很奇怪。四下无人的黑夜，天又下着小雨，怎么会有人在野外烧火呢？当两个同学又细看时，看了半天，那团火又没有了。

后来越传越玄乎。有的说，不仅看到那团火了，还看到鬼了。还有的说，半夜里听到鬼叫唤了。这天晚上就寝时，不知哪个同学无意中一脚踢到了地上的脸盆，冷不丁一阵刺耳的响声，胆小的同学吓得叫了起来，随着这声刺耳的响声，不知哪个捣蛋的同学又扯着嗓子高喊了一声："鬼来了——"

生活中，原本没有鬼，闹鬼的结果，除了有人装鬼吓人外，往往是人们自己吓自己，是中国几千年的鬼文化造成的。这一闹腾，原本不相信有鬼的同学也有点半信半疑，有些胆小的同学竟不敢睡觉。

第二天早上起床，有的说昨晚做梦梦见鬼了，有的说吓得一夜不敢睡觉，有的说想解手憋了一夜不敢起床。小时候藏猫都敢躲在棺材里的海胜，并不相信世界上有那种虚幻的鬼，也不害怕。非但不害怕，他还产生了揪出"鬼"的真面目、让同学们安心学习的想法。因此聂海胜高声对同学们说："人死如灯灭，现实生活中是没有鬼的，大家不要自己吓自己。"

早自习时，聂海胜又把这些情况，及时向班主任老师赵新安作了汇报。

赵老师当即带着聂海胜，喊上那两个同学一起，到他们看到那团火的地方现场查看了一番，结果什么也没看到。可那两个同学仍一致坚持说，那天晚上的的确确看到那团火了，看的真真切切。赵老师对他们说，生活中的确有时会在野外看到火光，那火光不是鬼火而是磷火。磷火，是死人或动物尸骨分化之后产生的一种气体，只有在阴雨夜才能闪光，是一种自然现象很正常。并告诉聂海胜，今后若有同学们再看到那团火时就及时告诉他，大家一起去看看那到底是一团什么火。

为了解开这个谜团，使同学们消除心中的阴影好安心睡觉、专心学习，一连几天聂海胜留心观察着。每到晚上就寝前，他像哨兵一样站在寝室门口，一边观察着一边督促同学们抓紧睡觉。有海胜往门口一站，几个胆小的同学一点也不怕了，很快进入了梦乡。待同学们都睡下后，海胜才最后一个上床睡觉。

看聂海胜连续早起晚睡很辛苦，一个好心的同学劝他说："海胜，你天天这样多辛苦！别管了随它去吧，用不了多长时间我们就要毕业离校了。"

聂海胜却不这样看，他认为越是快毕业要离校了，越是应该把这个谜团搞清楚，不能让低年级的同学们继续受到这件事情的影响。他充满感情地对那位同学说："今后来孙寨中学上学的，都是我们的弟弟妹妹，他们的学习生活、身心健康受到干扰和影响，当哥哥的心里能好受吗？"

当聂海胜把话说到这一层的时候，那个同学完全理解了海胜，并表示坚决支持他把这个谜团搞清楚。

这天夜里，同学们睡得正香。"咔嚓——"一个惊雷在房顶上炸响，接着一阵瓢泼大雨在闪电中倾盆而下。同学们都被惊醒了，突然，一个同学惊叫了一声："快看！那是啥？！" 这一看，把大家都吓愣了。

就在那两个同学说的那个位置，那团火又出现了。就像他们说的一样，那团火飘忽不定，忽大忽小。这一下，把不少同学吓呆了。看着看着，那团火变成蓝绿色的了。半夜三更的又是在雨中，那团火好像在往这边移动。一个胆小的同学"妈呀"地叫了一声，竟坐在床上哭了起来。

这次聂海胜和同学们都看清了那团火,海胜认定是磷火。他对大家说:“同学们,这团火没有什么可怕的。赵老师已经讲过,学化学课时杜老师也讲过,那不是什么鬼火是磷火,磷火是早已存在的一种自然现象。”

有一个同学还是不解地说:“磷火一般在坟场里出现,可对面堰埂那一带不是坟场呀!”

初夏的雨,来得猛去得也快。

风停雨住后,聂海胜按赵老师的交代,决定约几个同学去现场弄个明白。

当聂金玉第一个报名后,杜先槐、杜先甫、邹温合、邹温军和樊华忠等十几个同学也都决定跟海胜一起去。同学们穿上衣服,点上马灯,有的找来铁锹,有的找来木棒等跟着海胜一起,朝着那团火的位置走去。刚出门,其他班的五六个同学,也拎着马灯手拿铁锹等工具赶来助阵。

夜,万籁俱寂,见不到半个人影。

聂海胜一马当先,扛着铁锹走在最前面,二十多个同学紧跟在他身后。他们刚走近堰埂,堰塘里突然发出“扑通”、“扑通”的水响声。早有思想准备的海胜,对同学们说出了自己的判断:“都别怕,这是青蛙跳入水中的声音。”

刚走到堰埂的半腰,旁边一个同学把海胜的衣服拉了一下,示意他先蹲下。

他俩往下一蹲,后面的不知前面发生了什么情况,也都跟着蹲下了。胆小的这会儿个个是手板心冒汗,脚板心冰凉,嘴里吐出的是丝丝热气,吸进的是雨后的凉风。

聂海胜顺着那位同学手指的方向看过去,有一个矮胖矮胖的黑影,像是在摇摇晃晃的。仗着人多,手里又有家伙,聂海胜高喊了一声:“走!”便带头向前走去。

走到跟前一看:原来,矮胖矮胖的黑影,是一个土堆;摇摇晃晃的,是土堆后面的一窝艾蒿。那团飘忽的火光,是从土堆旁的一个坑子里出现的。坑子上面是青草和少许的土,当海胜一铁锹下去时,挖出来的好像是一根猪骨头,又一铁锹下去时,挖出来的还是骨头,果然是磷火现象。

聂海胜把骨头推进坑子里，同学们一起用土堆上的土把坑子填了起来，磷火当即消失了。从那以后，鬼就没有了。海胜和他的同学们，用自己的勇敢和行动，做了一件好事的同时，还破除了一次迷信。

又一次从聂庄从杨垱回来，夜已经很深了，笔者却丝毫没有睡意，竟忍不住拿起笔一定要赶写。

也许，这就是人们常说的写作冲动。如鲠在喉不吐不快，不把这一篇写出来，我就没有心思睡觉或干其他的事情。聂海胜青少年时期的很多故事，我都是在这样的时间和这样的心境下完成的。

那个时代的农村娃，小的时候或许都有见到鬼火的经历，大都也知道鬼火就是磷火。可夏夜里在野外玩耍的时候，一旦遇到磷火，不论人多人少、不论时间早晚，结果必然是拼命地往回跑，看谁跑得快，跑在最后的往往吓得魂不附体。发现哪有磷火，今后绝不再去，也绝没有人会提出把磷火探个究竟。

聂海胜很早就是无鬼论者。同样面对磷火，聂海胜之所以敢探个究竟，不仅仅是他胆大，而是他心里总是想着他人，想着同学们和今后来孙寨中学读书的小弟弟小妹妹们。

聂海胜为大家驱散了心灵中的“鬼”，使大家的学习今后不再受到“鬼”的影响。他的行为，既是一次学雷锋的行动，也是一次唯物主义的胜利。

考入枣阳的“清华”

离初中毕业还有一个多月的时候，杨垱公社教管会进行了一次六校统考。

这次考试比哪一次都严，六个学校的老师互相监考，另有高中老师监考，每个考场还都有公社教管会派去的巡视员。

在这次考试中，聂海胜凭着自己扎实的基础和良好的心理素质，一路领先，在全公社六所中学1100多名学生中，夺得数学（并列）、物理、化学三个第一的好成绩，总分位列榜首。

考试结果揭晓，消息传到孙寨中学，刹那间，整个学校沸腾起来了，掌声淹没了一切。师生们为聂海胜感到光荣和自豪，老师们个个激动异常。

当杜本武校长让聂海胜给同学们讲两句时，聂海胜站起来脸红红地笑着说：“我能取得这次的考试成绩，是很多老师教育培养的结果。我的学习还不够平衡，有些科目差距还很大，我应该进一步努力。我希望低年级的同学们从早开始努力，将来取得比我更好的成绩。”

在成绩面前，聂海胜显得很冷静。他看到的是自己的不足，想到的是继续努力。

再次响起的掌声经久不息。显然，大家对聂海胜的介绍不太满意，都希望他能够多讲几句，把自己的真经介绍出来。杜校长和老师们，也都以期待和鼓励的眼光看着聂海胜。

再次跑上台的聂海胜，面对老师和同学们的热烈掌声，先向老师们深鞠一躬，又向同学们深鞠一躬后说：“如果要我谈点体会，我认为优秀成绩的取得，就是老师的辅导点拨，加学生自己的勤奋努力，再加正确的学习方法。”

杜校长问：“什么是正确的学习方法？”

聂海胜答：“用心，就是正确的学习方法。”

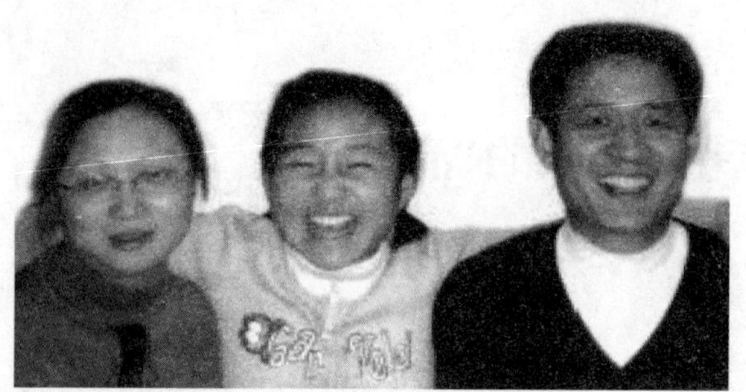

聂海胜与妻子聂婕琳、女儿聂天翔合影

聂海胜所说的用“心”，是告诉同学们，除了学习上要专心外，就是对学习要充满信心，对未来充满信心，对自己充满信心。信心，是成功的基石。

杜校长接着聂海胜的话对同学们说：“你们都听到真经了吧！聂海胜再一个真经，就是异常地刻苦勤奋。你们当中无论是谁，要想今后取得像聂海胜一样的好成绩，我看非得有聂海胜那种刻苦学习的精神才行。”

这次考试后，公社教管会决定，把聂海胜等十余名在这次考试中取得优异成绩、分散在各个片区中学的学生，全部集中到公社中学。

离开孙寨中学的时候，聂海胜在学校门口站了很久。孙寨中学大门口，左右两边各有一个用红颜色的隶体写的标语牌。

左边标语牌写的内容是：“致天下之治者在人才，成天下之才者在教化，教化之所本者在学之。”右边标语牌写的一段话是：“没有任何力量比知识更强大，用知识武装起来的人是不可战胜的。”

这两段话，聂海胜过去看过无数遍，可此时他看得是那样的专注入神。他也许是想把这两段话，雕刻在自己的头脑里，让它永不褪色，牢记于心。因为从今往后，他就不能天天看到这两段话了。

聂海胜进入公社中学时，他脚步走得很轻。这所公社唯一的重点中学，他三年前该进入的时候却没能进入，三年后他初中生活快结束的时候，却又走了进来。应该在哪上学，他没去考虑过。此刻，他考虑的是，这里集中的是全公社的尖子生，他在这里应该怎样努力，距离中考只剩一个多月的时间了，他应该怎样完成最后的冲刺。

夏天的中午,学校静悄悄的。有的学生在午休,有的学生在教室里苦读。转着转着,聂海胜转到了男生寝室门口。一个正在洗头的同学,听到脚步声以为是熟人就大声喊道:“请把缸子递给我。”

他急忙把小凳上的缸子递到那个同学的手里。看那个同学一头一脸的肥皂沫,他干脆把地上盛满水的脸盆端起来,轻轻地均匀地往他头上倒,水倒完那个同学也洗好了。看那个同学低着头又伸出手,他急忙又把毛巾递到他手里。

那个同学一边擦头一边站起来。当看到自己指挥了半天的人,竟是一个自己不认识的人,感到有些不好意思时,聂海胜主动自报家门,笑眯眯地凑到他跟前说:“我叫聂海胜,新来的,原来在孙寨中学。”

那位同学也很友好地自我介绍说:“我叫史天东,在初三(1)班。”

两人哈哈一笑,从此成了好朋友。

转入公社中学的聂海胜,和史天东分到了一个班,睡觉铺挨铺。晚上睡觉前,他俩总要互相提问题,背记一些重要内容,直到慢慢睡着。那时候背记的很多内容,到现在还用得上。

“跑伙生”聂海胜,在孙寨中学跑了三年,不仅跑出了好成绩,他还跑出了坚强的意志。

他中午从不睡午觉,但早上他起床很早,课堂上一直精神饱满。如果说,他在孙寨中学学生中是一颗亮闪闪的明星,那么在公社中学像他这样的明星就多了。一下子结识这么多成绩好的同学,他在感到高兴的同时,学习的信心和自觉性也进一步增强。

聂海胜加入到了中午苦读学生的行列中,他利用每天中午的自习时间,反复做那些同学们认为难做的大题、难题、怪题和容易做错的题。

树上的知了叫个不停,正午的热气蒸得地上冒烟。同学们都感到酷暑难耐,不停地喝水扇风走出教室喘喘气。聂海胜却一声不响,不与人说话,也不下位,像钉子钉在那里一样连续几个小时不动,一直埋头专心干他的事情。

聂海胜的同桌张文旭，开始两天竟怀疑，他的这位新来的同学，是不是大脑有点不正常。每当张文旭用异样的目光悄悄看聂海胜时，聂海胜总是亲切地朝张文旭笑笑，张文旭怕他产生误会，也急忙朝他笑笑。

一个月后，聂海胜参加这一年的中考，取得优异成绩。

秋风送爽的时节，聂海胜、史天东、张文旭、胡华忠、王志向和肖居成等 29 名同学，同时收到了枣阳县一中的高中录取通知书。进入到枣阳的“清华”，并分到了一个班，开始了高中时期的学习生活。

人的一生从童年开始，或多或少都不断有梦想。

聂海胜儿时的梦想是长大了当兵，再后来到上初中的时候，他的梦想是当一名空军飞行员，驾飞机在祖国的蓝天上为祖国巡逻放哨。

很多人童年的梦想没有实现，心中美好的愿望结果成了泡影。聂海胜很幸运，童年的梦想如期实现。聂海胜高中毕业 18 岁的那一年，考入中国人民解放军某航空学院当上了飞行员。不久，又担任了团里的领航主任，后来又当上了宇航员。国家的宇航员是从全军优秀的飞行员中挑选出来的，圆满完成航天飞行任务成为航天英雄的宇航员，无疑又是宇航员中的佼佼者。从这一点上说，聂海胜把童年的梦想超额变成了现实。

有梦想就有希望，关键是怎样去实现自己的梦想。

如果光在被窝里做梦，在蓝天下遥望，在夕阳西去的时候遐想，你的梦想可能永远都不会实现。

聂海胜之所以实现了自己童年的梦想，而且还超额实现了自己的梦想。是他首先坚守自己的梦想，其次是梦想的现实，再是他的梦想不仅符合自己的兴趣和爱好，他还把自己的梦想与祖国的需要、人民的利益紧紧联系起来了。

说到底，实现梦想的关键就是要行动，要为实现梦想去努力奋斗。光在夕阳西下的时候遐想不行，要在太阳初升的时候开始行动才行。从很早开始，聂海胜上学放学为了节省时间他都是跑步，他不仅在学校教室里学，竹床、碾盘、田埂、牛背上……都是他学习的课堂。

在追梦的路上，聂海胜留下的是一串串坚实的脚印。

高中篇

你定多高的目标，就可能会实现多高的目标。只要你的目标定得现实，目标的背后是坚定的信心和顽强的拼搏，你就会自觉或不自觉地向你的目标靠近。如果你把自己的理想与祖国的需要联系起来，你就会感到有一股巨大的力量一直在身后推动着自己。

——聂海胜

从零开始

1981年金秋，聂海胜作为聂家人老几代的第一个高中生，也是聂庄有史以来第一个被枣阳一中录取的学生，满怀喜悦地跨进了枣阳一中的大门。海胜用自己的行动，切切实实地实现了他父亲的遗嘱。

坐落在枣阳城老县委大院旁的枣阳一中，在当地历来被称之为枣阳的“清华”。校园宽展明亮，清静幽雅，大树参天，鸟语花香。从东至西，一条笔直的主干道旁，教学楼成排成行。学校后面的大操场，当时是县里开万人大会的地方。操场东边的篮球场并排8个，排球场并排4个，水泥乒乓球台并排20多个，跳高跳远的沙坑、单双杠和高低杠等体育设施一应齐全。学校师资力量雄厚，教学条件优越，从这里走出的莘莘学子遍布全国各地，有不少还走向海外。

当聂海胜从学校东大门一步跨进校园的时候，激动得心口突突直跳，心情像起伏的潮水一样汹涌澎湃。他眼睛看到的一切，都是那么的圣洁与美好。站在自己的学校门口，他在感到春天般的温暖、明朗的同时，心底突然产生了一种昂扬、向上的力量。

学校发校徽这天，班主任老师赵天智走到他跟前，他立正站起，神情庄重地用双手从赵老师手中接过了校徽。赵老师看他举止文雅干练，目光炯炯有神，递给他校徽时，很赞赏地看了他一眼。看着“枣阳一中”四个字，聂海胜把校徽捧在手中，端详了好一会儿后，才郑重地戴在了胸前。

开学伊始，学校进行了摸底考试，各任课老师也分别对同学们进行了测验。聂海胜的数学、物理和化学三门课的成绩，在班里就如同水上的鸭子——呱呱叫。语文等课目的成绩，也都在优良以上。唯有英语成绩，因多种原因很不理想，多次考试成绩竟然不及格。

考试取得好成绩的课目，聂海胜丝毫没有自满，面对成绩不好的英语，聂海胜也丝毫没有泄气。他决定在稳定好成绩课目的同时，集中课余时间主攻英语。他对史天东等几个好朋友说："我决心从零开始，我不相信班里那么多同学都能把英语学好，就我聂海胜学不好。"海胜下了决心，又要啃硬骨头了。

史天东劝他说："学英语初中的基础很重要，大量的单词需要背记。听说你在孙寨上初中时英语老师几次中断，现在完全靠自学难度肯定比较大，你还是顺其自然吧，可不能为了一门英语而耽误自己的其他学习呀！"

"再难我也要把它学好！"聂海胜的倔劲上来了，他握紧拳头，在自己的胸前晃了晃后又恳切地说，"你们可要帮助我呀！"看几个同学都点头答应，聂海胜信心倍增。

聂海胜自学英语采取的攻略是：从零开始，缺啥补啥，虚心求教，多拜老师。

聂海胜把初中的英语教材全部找齐，从第一册第一页开始，一课一课地从前往后重新学。每遇一个拦路虎，他都像打仗攻城一样，非把它攻下来不可。有些拦路虎像坚硬的石头，他实在啃不动了就找同学，哪个同学会他就拜哪个同学为师。有时他偶遇别人心情不好或心里有事没给他好脸色的时候，也从不往心里去，总是笑呵呵地再去找别的同学。从同学们那儿弄不会的题，他一一记在纸条上去找任课老师。

这天早上，起床的钟声还没响，聂海胜就从被窝里爬了起来。习惯于早上长跑的他，在学校后面的大操场跑了六七圈后，来到了英语老师万里根的门口，一边背记单词，一边等万老师起床。背记单词入迷的他，没听到万老师开门的声音，加上天还没完全亮，光线有些暗。当万老师一脚迈出，看到门口站着一个人，嘴里还咕咕叽叽时，吓了一跳："谁呀！干什么的？"

万老师的这一声吼，把聂海胜也吓得一激灵。回过神来后，海胜好笑地喊了一声："万老师，是我，聂海胜。"

有一段时间，聂海胜在身上装了很多的小纸片，纸片上都写的是那些难记的英语单词，纸片的背面是用汉字写的说明。一有时间他就背记，实在背不了他就把小纸条拿出来看一看，英语看不懂时，他就对着汉语看。很多同学告诉他这一方法不行，万老师也对他说："英语的语音和汉语不可能完全相同，采用这一办法完全是误入歧途。"

怎么办呢？在学习知识的道路上向来没有捷径可走。聂海胜咬紧牙关，下定决心立志要把英语学好。他采取比常人加倍努力的办法，定下心来埋头苦读，多看多读多写多背，走路、吃饭、课间休息、上厕所、晚上睡觉前、放月假回家往返坐在班车上，都成了他学习英语的时间。

每天，天不亮聂海胜就起来读英语，晚上熄灯同学们都睡了他仍坚持背读，一直读到深更半夜时才上床休息。除了口头背记外，聂海胜还对大量的单词、语法知识进行抄写，通过手抄的办法来加深印象，强化自己的记忆。

用过的信笺纸、作业本，都被他找来用作学习英语的练习纸。他在信笺纸的背面，作业本的空白处，写满了密密麻麻的英语单词和有关的语法知识。写一行英语，配一行汉字注解，自己的学习感受，对有些语法知识的理解，他也同时用笔记下。一年下来，他学习英语用过了多少张纸，用过了多少个本子，连他自己都说不清。他还利用中午和晚上的时间，用粉笔在黑板上写。聂海胜像一个勤劳的农夫一样，把全部的时间和精力，都用来耕耘自己的土地。

有些英语单词，聂海胜虽然背住了，汉字的意思也记准了，但发音明显不准。他就找发音准的同学给他辅导，一遍不行就来第二遍、第三遍，一遍一遍地反复练习，直到读准为止。

勤奋给聂海胜插上了智慧的翅膀。一分耕耘，一分收获。经过一年的努力，

高中毕业前夕，聂海胜和同学周越颖、肖居成、李军合影。前排右胸前戴校徽团徽者为聂海胜

到高一下学期期终考试的时候，聂海胜的英语终于取得了83分的良好成绩，他的英语成绩，在班里60多名同学中，达到中上等水平。

聂海胜立志要把英语学好的目标终于实现了。靠不屈服于困难的精神，凭执著和信念使自己的英语成绩，从开始的不及格到后来的良好，万里根老师在班里称赞他说："从聂海胜成功的经验看，学英语没什么诀窍，只要大家像他那样，多读多写多背，咬住青山不放松，同学们都能把英语学好的。"

当万老师让聂海胜就怎样学好英语给同学们谈谈自己的体会时，聂海胜是这样说的："苦学了一年英语，当我真正钻进去以后，才发现自己的差距还很大。"

聂海胜的话，中肯质朴，在赢得同学们满堂掌声的同时，也引起了很多同学的深思。

学生时期，在学习上走过弯路的人很多，参加中考和高考的学子因英语拉分吃英语亏的人也不少。聂海胜英语成绩最终赶上来了，很多人却望"英"兴叹，高中学习阶段甚至到了大学期间，一直为英语头痛，成了英语的奴隶。

有媒体曾报道说，“神六”飞天之前，在紧张的训练准备阶段，星期天回家休息的聂海胜，总要跟正在上初中的女儿学英语。父女俩一边跑步一边问答，其乐融融。看到这则报道我在想，聂海胜跟女儿学英语是一个方面，培养女儿的学习兴趣，促进女儿的英语学习，才是更重要的一个方面。作为航天员、作为父亲主动给女儿当学生，可想读初中的女儿，一定是非常开心非常愉快的，学英语的兴趣和积极性一定会大大提高。父母甘愿做孩子的学生，与孩子共同学习，是激励孩子学习的一个好方法。

当年读高中的聂海胜，英语成绩虽然赶上来了，却赶得十分辛苦，费了九牛二虎之力。如果他当年对英语听之任之，不及时向英语挑战，他后来能否考入解放军某航空学院，能否成为优秀的飞行员、宇航员恐怕就不一定了。

单从英语学习来说，聂海胜的成功是曲折的，是螺旋式的。聂海胜螺旋式的成功，给我们的启示是，在通向成功的道路上，从来都是坎坷曲折的，我们不可能一蹴而就，有时候适当走些弯路，或许正是通向成功的捷径。

物理课代表

聂海胜上高中的时候,学校进行过多次编班,高二的时候又分了文理班。一年级,他在高一(6)班的时间最长。二年级,他是从高二(3)班毕业并参军的。虽然那时候的高中只有两年,可不管是一年级还是二年级,不论分在哪个班,整个高中学习阶段,他都是班里的体育委员,同时担任班里的物理课代表。

体育委员和物理课代表,应该说没有什么内在联系,其他班这两个职务都是由两个同学出任的。唯有聂海胜,这两个职务像连在一起粘在他身上一样,他走到哪儿这两个职务同时跟到哪儿。

聂海胜在高一(6)班的时候,全班有 60 多人。这 60 多个同学,都是经过一路打拼进入枣阳一中校门的。同学们不光拼搏精神强,民主意识、公平公正的意识也很强。60 多个同学,个个都是热血青年。当时的枣阳一中并沿袭到现在,形成了一个不成文的规矩,哪一课的课代表,都是由哪一课的尖子生担任。

课代表是干什么的,就是个收本和发本的。可别小觑这个课代表呀,收本发本的同时,显示出来的是实力,代表着的是荣誉和自豪。聂海胜能担任班里的物理课代表,是因为他的物理成绩在班里 60 多个同学中,是大家公认的冠军。李少华、黎俊忠等教过聂海胜的物理老师共同感觉到,聂海胜不仅物理基础十分扎实,对物理课的学习一直保持着浓厚的兴趣、足够的热情和主动出击的学习方法,在这个科目上他有一定的悟性和明显的天分。

如果说，他在物理课的学习上有悟性和天分的话，那么这种悟性和天分，也是聂海胜通过刻苦努力、不断攀登取得的。上物理课的时候，聂海胜喜欢把自己的学习进度走在老师讲课的前面。每一课，他都要提前自学、预习。老师在讲第三、第四课的时候，他已学到第五、第六课了。遇到不懂的地方，他都反复地钻研，多次发起攻击。有些难题，他在第二、第三次发起攻击的时候，就被攻破了。自己独立攻破的难题，比在老师辅导下攻破的难题，学习效果要好得多。实在攻不下来的难题，在听老师讲这道题的时候，跟同学们比起来他是带着"问题"在学的，每每听得格外认真。一旦转过弯明白过来，他也就记得格外清楚，学习效果也就明显突出一些。

对物理课代表的工作，聂海胜十分负责。每次物理课开始之前，他总要把黑板擦得干净净亮洒洒的，他还要清点班上的同学到得齐不齐。有物理课作业的时候，哪怕就是只剩一个同学了，他也要坐在教室里等着。遇到同学一时做不到的题，他就耐心地给同学讲解，直到每一个同学都把作业完成。对临时有事请假缺课的同学，他会像及时雨一样主动帮助同学补课，缺多少他就帮助同学补多少。

同学胡华忠有一次因病耽误了四节物理课，老师在讲斜面上的物体下滑时，讲到了重力、摩擦力和支撑力，对下滑力是重力的一个分力，他听了半天没听懂。下滑力为什么是重力的一个分力呢？他一直弄不明白。下课后，聂海胜一边画图一边给他讲，讲得很耐心很细致，直到他听明白为止。晚自习时，聂海胜又主动帮助他补上耽误的四节课的作业。

上高中二年级的时候，有一次物理实验课，两节课的时间连在一起。黎俊忠老师给同学们每人发了一套集成电路板，还发了一些电容、电阻等电子元件，要求每个同学在两节课时间内，独立组装一台调频式收音机。不少同学还没摸顺当，聂海胜就第一个组装成功，并收到了广播节目。

收音机里异常标准的普通话，立刻吸引住了同学们。可播音节目刚播了一会，聂海胜又把它变成了一首好听的歌。

在枣阳工作多年的湖南籍老师黎俊忠，为了活跃教室的气氛、鼓舞同学们的士气，捏着腔用普通话说："大家听啊！聂海胜已经会讲普通话啦！大家再听啊！聂海胜又会唱李双江的歌啦！"

普通话里面夹杂着湖南腔，还有明显的枣阳话，这一下实验室里可真热闹啦，比剧场里还热闹，好多同学笑得流出了眼泪。当黎老师意识到全班同学大笑，不是因为他的幽默话，而是因为他的普通话时，也跟着大笑起来。老师和学生，都沉浸在幸福和喜悦之中。

笑声盖住了李双江的歌声，黎老师让聂海胜把音量调大一点，很多同学不知不觉跟着李双江唱了起来："雄鹰展翅飞，哪怕风雨骤，革命代代如潮涌，党的教导记心头……"物理课和音乐课交织在了一起，教室里其乐融融，同学们开心极了。

在音乐和歌声的陪伴下，大多数同学独立组装出了调频式的收音机。没装成的同学们，在聂海胜和其他先装成的同学们的帮助下，也都很快装成了。教室里一片欢歌笑语。

"兴趣是最好的老师"。聂海胜突出的物理成绩，有人说是他对物理特别有兴趣。对这一观点我完全赞成，但我认为仅凭兴趣是不够的。

据我了解，聂海胜的数学和化学成绩，像他的物理成绩一样也十分出色。他的语文成绩，从小学到初中到高中也一直很好。他不光作文写得快，写作文从不打底稿，总是一气呵成，他还有过目不忘的本事。小学、初中、高中语文教材，要求背记的文章、诗词、名言警句，包括晦涩难懂的文言文等，背住后他大都不会忘记。他的英语高中开始时很不行，后来也赶上来了，在班里达到中上等水平。

一个人的时间和精力是有限的，不可能样样都好，也不可能对什么都充满兴趣。但作为在校学生，对国家规定的学习科目，都必须完成。聂海胜完成了，并且完成得十分出色。

聂海胜之所以成为聂海胜，他能德、智、体全面发展，他能各科成绩都在优良以上。除了他热爱学习，对学习充满兴趣外，就是他很早就有理想有志气，有责任感有担当精神。还有，就是聂海胜在学习上一惯的看家本领——超人的勤奋和刻苦。

聂海胜的成功，再次证明了一句至理名言——书山有路勤为径，学海无边苦作舟。

课余打工仔

聂海胜上高一的这年年初，他的堂兄长远大哥已从部队转业回到家乡枣阳，在县土产公司担任了副经理。

深秋的一个星期天早上，聂海胜专程去看望大哥大嫂。土产公司在离县城十多里外的火车站南面，枣阳一中在城北，火车站在城南，聂海胜穿过县城穿过火车站到大哥家要走二十多里的路程。

看海胜弟弟来了，一向贤惠的大嫂急忙到集市上买回了鱼、肉、蛋等，还特意买了一只鸡，大嫂要给上高中的海胜好好改善一下伙食。

大嫂在厨房做饭，海胜也帮不上忙。看大哥还没回来，急于想见到大哥的海胜对大嫂说："咱大哥星期天咋还这么忙？要不我去找他？"

"你大哥在大仓库组织人灌包，装蓖麻籽，急等着上火车。你去看看也好，如果他活干完了，你们就早点回来吃饭。"大嫂边对海胜说，边告诉了他去大仓库走的路线。

聂海胜来到大仓库门口，看大仓库里人头攒动，声浪不绝于耳，呈现在他眼前的是一幅热火朝天的劳动场面。看夹杂在人群中的大哥和大伙一起正干得起劲，海胜一溜烟跑到大哥身边，挽起袖子就帮忙干了起来。大哥看到他冲他点头笑笑算是打招呼了，继续带着大伙干活。

"这么多人都是你们单位的吗？"海胜一边干活一边问大哥。大哥直起腰，舒了一口气，看着眼前紧张干活的人群对兄弟说："单位没这么多人，这是忙的时候公司请的零工，一个工干一天一块二角五分钱。”

一元二角五分钱，对聂海胜来说可不是个小数目呀！有了这一元二角五分钱，他一个星期的菜金就不用愁了，他特别想买的书也许就可以买了。上高中时候的聂海胜，经常手头吃紧，如果利用课余的时间跑大哥这来打工，不是个很好的办法吗？想到此，聂海胜有些兴奋起来，便向大哥提出了想利用星期天和其他假日来大哥这打工的要求。

大哥看着他笑了笑说：“我带信叫你来，就有这个意思。只是有时活有些重，我怕你吃不消。”没等大哥把话说完，海胜抢着说：“大哥你放心，搞别的我不敢说，搞体力劳动我应该是没问题的。”看大哥还专注地在瞅着自己，海胜怕大哥不放心，又进一步对大哥说：“我今年都 17 岁了，有的是力气，这么多年苦惯了，啥活我都干得了，大哥你就放心吧！”

此时的大哥鼻子有些酸酸的。当大哥的咋会不了解自己的弟弟呢？长远大哥把嘴边要说的话又咽了回去，只轻轻说了声：“兄弟，你可是显得很瘦呀！”

收工的时间到了，人散去后，聂长远向仓库主任介绍了自己的这位堂弟，请他有活的时候，安排堂弟做点零工。

“聂经理，你不用多说，你兄弟一进库房干活我就看出来了，他干活绝对是把好手。这几天正忙，下午就让兄弟过来干活吧。”这位主任很会说话，说的也都是实话。

中午饭，香味扑鼻。大嫂张罗了一桌子，尽是好吃的。海胜有了回到家里的感觉，喜滋滋地看着大嫂说：“大嫂呀！你咋今里拿自家兄弟当客人了呢？弄这么多菜，看咋吃得了呢。”

“吃不了晚上接着吃，今儿就拿你当客人了，你看你瘦的，在学校辛苦了，今儿就好好补补吧！”大嫂慢慢地说。

大哥拿出一瓶湖北名酒“白云边”，打开后先闻了闻：“嗯，味道不错，真是越放越香呀！”看着海胜笑了笑，“今儿咱哥俩好好地喝两个。”

海胜端起酒杯，犹豫一会又放下了，他对大哥说：“我听说，空军飞行员是绝对不能喝酒的,我还是不喝吧。”

“当飞行员是以后的事,等当上了咱就不再喝了。这瓶酒你大哥一直都没舍得喝,今儿说啥也要好好喝几盅。”大嫂发话了,海胜不好再推辞。他先给大哥大嫂各敬了一杯,自己又喝了两杯后,就不再喝了。

想到弟弟从小就想当兵,后来又有了当飞行员的理想,哥哥没有勉强他多喝,并鼓励海胜说:“枣阳一中,年年都有应届毕业生被录取为空军飞行员,你身体好,学习成绩也好,将来考飞行员应该是没问题的。”

当飞行员是海胜上初中时就有的理想,能不能当得上,他也不知道。他眼下考虑最多的,是怎样把高中念完。但一想到将来当飞行员,驾驶飞机飞向祖国的蓝天,聂海胜浑身就来了劲,身后总像有一股巨大的力量在推动着自己。

这天下午,高中在校学生、课余打工仔聂海胜,在离他的学校10公里远的地方,开始了他人生的第一次打工劳动。在枣阳土产公司这座最大的仓库里,聂海胜干得很欢,两腿跑得很快。他也很有眼色,身影很活跃,哪里最需要人手,他就及时出现在哪里。大家都不知道他的名字叫什么,也不知道他是高中一年级的在校学生,只知道这个新来的小伙子特别能干,与人说话时特别和蔼。时间不长,大家就喜欢上他了,都愿与他搭班干活,跟他搭班干活感觉顺溜。

下午劳动结束,聂海胜拿着仓库主任开的条,领取到了半天的劳动报酬——六角三分钱。

从小的时候,聂海胜就开始在生产队里参加劳动,劳动报酬是记工分。他挣的工分,充其量只能使家里的超支数略微变得小一点。上小学阶段,他多次参加学校的勤工俭学捡柴劳动,劳动报酬是记账,记到一定的数额,抵他一个学期的部分或全部学费。这六角三分钱,是聂海胜第一次劳动所得的现款,也是聂海胜有生以来一次劳动得到最多的现款。

吃过晚饭,大嫂看深秋的风一天比一天凉,又给海胜准备了一床厚棉被让他带到学校。看时间有点晚,又带着棉被,大哥坚持让他搭班车回到城里。大哥把他送到一里多外的班车停靠点上,等车到站又把他送上车。当海胜掏出一角钱买票时，被大哥毫无商量余地地拦住了。此时，海胜明白了，大哥之所以坚持要送他上车，就是要给他买这张一角钱的车票，让他把第一次打工所得的六角三分钱，最大限度地用到学习上。

第二个星期天的早上，天色微明，一起床聂海胜就向10公里外的火车站跑去，当他跑到火车站时，刚早上七点。为了少麻烦大哥大嫂，他在火车站买了两个馍馍吃，给大哥大嫂打了声招呼，就到仓库去干活。中午赶活没休息，下午四点就收工了。这个星期天，聂海胜得到了一元二角五分钱的劳动报酬，看时间还早他决定步行回学校。

聂海胜一个人外出时，跑步已成习惯，跑到学校附近的沙河边，他看着沙河水清澈见底，水中的鱼儿时而聚在一起，时而各跑各的。空中的群雁，在头雁的带领下成人字形很有秩序地向南飞去。聂海胜的心情好极了，浑身劲鼓鼓的，他回到学校时，过星期天的同学们，也刚从四面八方陆续回到学校。和同学们坐在一起上晚自习的聂海胜，丝毫看不出是一个干了一天体力劳动、来回又跑了20多公里路的人。只是这天晚上，他比哪一天都睡得要香。

课余打工仔聂海胜，星期天到他大哥单位打工，多数时候都有活干，但也有没活干的时候，扑空了他只当星期天练了一次长跑。尽管如此，聂海胜的经济状况还是得到了很大改善，他明显感觉自己有钱了。但他从不乱花钱，哪怕是花一分钱，他也是掂量了又掂量，一分钱能掰成两半花，他一定会掰成两半的。由于打小就对乡下的艰苦境遇有了比较深刻的体会，使得他一直保持着节约的习惯。

但聂海胜对同学对朋友，在必要的时候是很大方的。一次同班同学金邦才感冒发烧不想吃饭想吃黄瓜。聂海胜就跑到附近的菜市场，花两角钱买了一脸盆黄瓜回来，洗干净给金邦才吃，其他同学也吃。

不知道是黄瓜泄火，还是碰巧了，也许，当黄瓜融入同学情谊之后，其药的效力就更大了。金邦才吃了聂海胜买的黄瓜，烧退了，感冒好了。

坚持，是个普通平常而又寓意深远的词汇。我们很多人还是孩童的时候，就听说了《龟兔赛跑》的童话故事，长大些了才慢慢从这个故事中，体会到了因坚持而带来的胜利。只是在成长的岁月中，坚持也因太平凡而常常被忽视。

了解聂海胜成长经历的人，都知道他初中时差一点辍学。但很少有人知道，他上小学时曾停学一年。笔者在采写聂海胜青少年时期的故事时，列了一张聂海胜学生时期的年谱，但小学阶段算去算来对不上，电话中向海胜求证才知曾停学一年的事。后来我和海胜有一段时间没通电话，他小学阶段为什么停学一年呢？他父亲早已去世，我两次到病床前看望过他母亲但老人家已不能说话。我向他的姐姐和童年伙伴们了解个中原因，得到的回答是一致的："可能是学费没有筹够。"那个年代，穷乡僻壤的农村娃，因交不起学费而辍学停学的比比皆是。上初中的时候，聂海胜经常吃不饱。高中时，他靠星期天打工完成了学业。干一天繁重的体力劳动，往返又跑20公里，晚上仍精神饱满地和同学们坐在一起上自习，长达两年的时间同学们竟没人知道。这需要多么大的毅力和决心呀！

聂海胜满怀万丈雄心，凭着信念和坚强完成了学业。求学的路上无论遇到多大的困难，完成学业的决心丝毫没有动摇，完成学业的脚步时刻没有停止，最终到达了自己向往的目标。

坚持是一种伟大的品格。有了坚持，再加上坚韧，最终总能到达目标。也许这正是聂海胜感动了很多人的原因。

掰手腕第一

上高中以后的聂海胜，保持着很多童年的习惯。像掰手腕、捣蹴、牤牛抵战……这些农村小孩喜欢玩的体育活动，高中时期的他仍有着浓厚的兴趣。

如果说聂海胜在孙寨、杨垱上初中的时候，掰手腕是班里的第一，那时遇到的对手不多的话，那么上高中的时候遇到的对手就多了，金邦才就是他的强劲对手之一。

聂海胜来自枣阳的最北端杨垱，金邦才来自枣阳的最南端耿集。枣北的农村娃聂海胜小时候喜欢玩的，枣南的农村娃金邦才小时候也都喜欢玩。这是男孩子称雄的游戏。

所不同的是，金邦才的家在山区，他的家乡有很高很大的山。每到秋末冬初，金邦才就要上山打柴挖树蔸。树蔸挖得越多，预示着冬天家里越暖和。树蔸不仅冬天可以用来取暖，用树蔸煨出来的腊肉，那算香得很。一家用树蔸煨腊肉，一个村都闻着香。金邦才树蔸挖多了，体力臂力明显增强，加上他喜欢掰手腕，所以，上初中的时候，他也是班里的掰腕子第一。

进入高中，刚和聂海胜同班不久。金邦才就听说，坐在他前一位的那个叫聂海胜的同学，掰手腕厉害得很，上初中的时候，是班里的第一。金邦才是有名的不服输，很早就有同学喊他“金不输”。没想到，“第一”遇到了“第一”。

金邦才暗中观察聂海胜，一边观察一边分析。他看聂海胜高矮和他差不多，胖瘦也和他差不多。说起来巧得很，自己长得黑黑的，聂海胜也长得黑黑的，俩人都显得很健壮。最后他认定，自己搞得过聂海胜。没经过实战，只是个观察分析，他认为搞得过聂海胜的依据是，自己多年秋冬时节甩开膀子挖树蔸，甩锛斧就像孙悟空玩千钧棒一样随心所欲，臂力练出来了。而杨垱那一带没山，聂海胜从小到大没树蔸可挖，他缺的就是这一课，我有的他恰恰没有。金邦才认定自己锻炼得多，自己的臂力、腕力应该比聂海胜强。

高中生金邦才很谨慎，也很爱面子。尽管一开学，班里就有很多二三流的掰手腕爱好者在嗷嗷叫地掰，有的还故意在女同学面前掰，但他还是没敢轻易向聂海胜挑战。他只是希望聂海胜能先与别人掰两盘，自己可以找个标准比较一下。聂海胜也很谨慎，也很要面子，他只是默默地在一旁观战，始终不露声色，他知道这里不是孙寨中学，也不是杨垱中学，而是枣阳一中，是群英荟萃的地方。

高中时，聂海胜班里女同学很少，只有十几个女学生。但被大家公认的全校最漂亮的城里姑娘，在聂海胜班里。那位女同学不仅漂亮，个高苗条，而且为人质朴，学习成绩也好。男同学们第一眼看到她时，都脸红心跳，后悔没有思想准备多看两眼。时间长了，同学们背地里给那位女同学起了个“嫦娥”的绰号。

聂海胜上高中的那个时候，男女同学之间基本上是不说话的，男同学都不敢直接看女同学，只有教室里有同学掰手腕，大家的精力都高度集中的时候，想看“嫦娥”的男同学才敢快速瞥一眼。有女同学在场的时候，掰手腕的现场气氛热烈火爆。

这天外面下大雨，课间休息的时候，全班同学都在教室里，两个掰腕子高手终于出场了。面对面坐到一起的两位高中生，微笑互看着对方，都显得神采奕奕。聂海胜和金邦才，心理素质都很好，都有丰富的临场经验。

比赛开始后，尽管教室里的呼喊声，盖住了教室外的风雨声，不少同学都站起来挥着拳头在喊加油，两人的阵脚丝毫不乱。出乎金邦才的意料，聂海胜的体力、臂力和腕力，一点不比他这个多年在大山里挖树蔸的人差。他明显地感觉到，聂海胜的后劲很足。比赛进入白热化阶段，有的同学一直瞪着眼睛，有的同学看愣了，张开的嘴巴半天忘了合拢。

由于才开学不久，同学们地域观念还比较强，倾向很明显。在聂海胜与金邦才的这场比赛中，枣北的攒足劲头支持聂海胜，枣南的拼命呐喊支持金邦才，而来自县城的同学则保持中立，不偏不倚地为双方加油。

这场竞技赛大约进行到三分钟的时候，上课钟声响了，虽然他俩的脸此刻都憋得通红，但桌面上两人的手腕都保持着很稳的状态，丝毫看不出来谁胜谁负。两人都保持着警觉，都害怕谁先收手被大家误认为谁先认输。看老师还没来，有同学提出最后 10 秒倒计时。班长李秉锋怕最后有人捣乱，主动站出来维持秩序并担任裁判，要求围观的同学们都退后离开。倒计时结束，两人首战以平局告终。

金邦才与聂海胜的首次较量，虽然平分秋色，但他领略到了聂海胜的实力。不分胜负，这也许是最好的结局。

一个星期后，在很多同学的撮合下，他俩的第二次比赛又开始了。第一局刚拉开架势，聂海胜就发起攻击，步步紧逼，金邦才思想准备不够，手背被聂海胜压在了桌面上。第二局，一开始金邦才先发起攻击，聂海胜则稳住阵脚以守为攻，金邦才连攻几次没见效果，被聂海胜抓住破绽一个反攻奏效，手背又被聂海胜压在桌面上。

金邦才当众连输两局，脸上有点挂不住了，聂海胜连胜两局丝毫没有露出得意，更没有咄咄逼人，而是微笑着对金邦才拱拱手说："承让，承让。我感觉到，你的实力一点不比我差。"

聂海胜这么一说，金邦才的脸上露出了真诚的微笑，也对聂海胜拱拱手说："向你学习，向你学习，有机会我们再较量。"

争强好胜一男儿。武有武道，掰手腕也须讲风格，但比赛的双方都还是想争个胜负。

从学校毕业分别多年的金邦才和聂海胜，彼此一直保持着密切的联系。2006年春节，在枣阳市人事局工资福利科担任科长的金邦才，想到聂海胜如今是闻名全国的航天英雄了，新春佳节肯定工作忙应酬多，就没与聂海胜联系。并决定今后也少与海胜联系，尽量不分散他的宝贵时间和精力。谁知，在聂海胜走进中央电视台“春晚”的前五分钟，金邦才收到聂海胜用手机发给他的拜年短信。

春节期间，聂海胜在家乡枣阳市区工作的高中同班同学有一次聚会。一到场金邦才就兴奋地告诉大家，聂海胜成为闻名全国的航天英雄后，今年仍像过去一样，春节又给他发拜年短信了。金邦才的话音一落，大家一起哄笑起来，原来到场的同学们都收到了海胜的拜年短信。为了不耽误海胜过多的时间，同学们委托金邦才代表大家给海胜通电话问个好，向海胜和家人拜个年，传递一份老同学们最真诚的祝福。

电话拨通后，聂海胜十分激动地在电话的那一端说：“感谢同学们对我的理解和支持，我会珍惜时间的。但同时我也会珍惜同学间的友情，高中同学间的真诚和友谊，是人生的无价之宝，我希望这份友谊到天长到地久到永远。”最后，同学们齐声对海胜说：“海胜你好！我们时刻在关心着你。家乡枣阳为你自豪！为你骄傲！希望你不断进取，再创辉煌！”

通话完毕，电话这一端的一群同学和电话那一端的一个同学，在相隔千里的两个地方，都显得十分激动。

同学脚崴之后

3月初的一天，学校安排高一年级的同学，到跑马岭挖树窝。

这次挖树窝劳动是学校组织的一次团日活动，全年级八个班的同学，在校团委书记尹昌祥的带领下，打着团旗乘车向跑马岭开去。迎着初升的太阳，同学们笑意写在脸上，一首接一首放声高唱着歌曲。团旗在晨风里飘舞，歌声在晨风里飞扬。

跑马岭，是一条南北向的黄土岗，板结的土地中夹杂着很多的料礓石，还有大片大片的滑石面。四周都已经绿化了，唯有跑马岭这条岗脊还是光秃秃的，成了绿化工作的一块硬骨头。在团旗的引导下，共青团员聂海胜和他的同学们，今天决心要啃掉这块硬骨头。

离学校二十多里的跑马岭，在火车站的东南方。聂海胜第一个爬上岗顶时，看到薄雾笼罩下的跑马岭，干硬板结的土地上寸草不生。

为了确保栽下的树苗能够成活，便于树苗扎根生长，有关部门要求树窝要挖成一米见方，同学们的任务是每人挖一个树窝。男同学挖难度较大的，好挖的地方留给女同学。

聂海胜一镐下去，震得虎口发麻，地上只挖出一个浅浅的白印。他目光闪过了一丝的茫然，但转瞬则漫溢更多的坚定。他脱掉棉衣，甩开膀子大干起来。在共青团员聂海胜面前，再坚硬的土地也没有他的意志和手里的那把洋镐坚硬。当多数男同学刚挖了一半的时候，聂海胜的树窝已经挖好并验收合格了。

尹昌祥书记鼓舞大家的士气，高声喊道："同学们加油呀！聂海胜已第一个挖好啦！"

这时，同班同学肖居成的树窝，只挖了不到一铁锹深，眉头拧成了一个疙瘩，显得很难受。聂海胜穿棉衣的时候，一抬头看到了肖居成的窘态，没顾上喘口气，便急忙走到肖居成跟前："居成，看你怪难受的样子，是不是哪不舒服？你坐下来歇一会我来帮你挖。"

"我的左脚给崴了，疼得很，不敢用劲。"肖居成把脚被崴的情况如实告诉了聂海胜。

聂海胜先把肖居成扶到一边坐下，又拿来他的棉衣让他穿好。提醒他："岗顶上风大别感冒了。"然后脱掉身上的棉衣，甩开膀子继续大干起来，很快就帮肖居成把树窝挖好。劳动结束收工时，很多同学显得精疲力尽，聂海胜又精神抖擞地把肖居成背到车上，找一个合适的位置扶着他坐下来，自己一路上站在肖居成身边看护着他。

回到学校，聂海胜看肖居成脚肿得很厉害，就把肖居成背到了学校医务室，又打来热水给他洗脚。连续几天帮肖居成买饭、洗碗、洗衣服，背肖居成到教室上课，就连肖居成上厕所也是聂海胜背进背出。

习惯早起的聂海胜，早上五点多就起床了。他刚把衣裳穿好，就听到肖居成在小声叫他，他估计可能是肖居成要上厕所。走到跟前肖居成告诉他自己已憋了好一会了，怕影响大家休息一直忍着没敢叫。

这引起了聂海胜的深思，光白天照顾肖居成不行，夜晚肖居成有事咋办呢？当晚他就与同学商量，调换铺盖搬到和肖居成一个上下铺，又把肖居成从上铺转到了下铺。想到肖居成是个闷葫芦，不到万不得已不会叫他，临睡前他又喝了一缸子水，寄希望夜里能够醒个一次到两次。为了同学，17岁的高一学生聂海胜想得很细，他把能想到的都想到了。

到第五天的时候，肖居成的脚不仅没见好转，反而腿和膝盖也肿了起来，躺在寝室里不能动了。肖居成躺在那一声不吭，聂海胜跑前跑后十分焦急。

班主任老师赵天智，安排聂海胜回杨垱通知肖居成家里。杨垱离枣阳城有90多华里，当时班车不像现在这么方便。肖居成的家离杨垱街还有12华里，并且不通班车。海胜知道，赶紧点去来也得一天。

走之前，海胜拿出自己的饭票和菜票，安排好同学给肖居成买饭，照看肖居成上下床、上厕所。

当天下午，海胜和肖居成的母亲、小爹一起赶回学校时，他又找来板车和肖居成的家人一起，把肖居成送到了县第一人民医院。到医院，他楼上楼下又忙不停地排队划价、交费、取药等。

肖居成住院治疗期间，每天中午和晚上，一放学聂海胜都及时赶到医院，给肖居成送去作业本，给他讲当天的学习内容，帮他完成作业。肖居成打吊针的时候，海胜一直守在床边。直到肖居成的腿脚好转后，他才离开回到学校上课。

憨厚的肖居成面对聂海胜对自己无微不至的关照，心底里是无比感激的，可嘴上却从没说过谢谢的话。

聂海胜和肖居成，既是一个村的，又是从小学到高中的同学，是多年的好朋友。海胜不图他说半个谢字，只图他的学习不受影响，腿脚早点康复，早点回到学校跟他们一起上课学习。

聂海胜细心照料肖居成的行动，使肖居成的母亲和小爹十分感动。他们回村后，逢人就说"海胜这娃真好"。肖居成的母亲，还专门找到海胜家里，向他母亲表示谢意。

高中毕业，聂海胜考取飞行员，到部队报效祖国。肖居成回家乡，在杨垱镇中心小学，当上了一名小学老师教书育人。

肖居成的家，和聂海胜的四姐家，都在肖庄，是一个自然村。肖居成每次回家看父母时，总要到聂海胜的四姐家看看。遇到节假日时间宽余的时候，肖居成还要去聂庄聂海胜家里看看海胜的母亲。在电话、手机还没有普及的时候，这一对好朋友经常通信。肖居成每一次给海胜写信，开始总要先回顾一遍，在他上高一脚崴伤的那段时间里，海胜天天照顾他的情景。海胜在信中不让他说，可他总是还要说，并且还要在信的开头说。他要把过去未说的话，不厌其详地一说再说，表达感激之情。

有人曾经这样说过，时间可以埋没人们的记忆。斗转星移，如今二十多年过去了，当时的情景在肖居成的大脑里仍是那样的逼真和清晰，23 年前挖树窝的那一幕，就像是昨天发生的事情一样历历在目。那本应该早已消失的往事，却像轻烟一样，时时飘浮在肖居成的眼前，令他回味，令他奋进。

事情过去好多年了，有人问肖居成，当时的费用，比如聂海胜回杨垱的车钱是谁出的，纯真的肖居成才恍然大悟："我一直把这事给忘了，8 角的车钱肯定是海胜出的。"肖居成的妻子插话说："钱多钱少，咱都得还人家。"

肖居成深情地说："这 8 角钱现在不好还了。海胜白里夜里照顾我，后来又给我补上耽误的课，要值多少钱呢？他关心同学的满腔热情要值多少钱呢？他对人的那颗金子般的心是无价的，就让咱欠他一辈子吧！"

肖居成这话里，透出的是一种幸福感。从这句话里我还听出，性格内向低调的肖居成要表明的，是他一辈子向聂海胜学习的决心。

蹭　书

学校主干道旁的两排水杉树，不畏寒暑，不分昼夜，一个劲儿地往上窜着，一棵棵长得笔直笔直的。寒冬过去，东南风吹来，水杉树枝头上，又窜出条条嫩绿的新芽，摇曳不停的新枝似乎在向人们报信，又一个春天到来了。

相同的经历，相投的性格，使聂海胜和金邦才一见如故，成了并肩成长的好朋友。他俩越谈越投机，越谈越深刻，一对好朋友互相之间无话不谈。

星期六下午，聂海胜和金邦才相约来到了位于枣阳城大东街的新华书店。一走进营业大厅的门，聂海胜眼睛猛地一亮，好多书呀！满屋满架，身前身后都是书。从小到大，聂海胜第一次见到这么大的书店，第一次见到这么多的书，仿佛置身于书的海洋，书的世界。每个周末，书店都要延长一个小时的营业时间。两个年轻的高一学生，像撞进了菜园子的两头牛犊一样，猛吃猛啃起来。

这里的书不光多还很齐全，差不多可以说得上应有尽有，过去聂海胜听说过但没有看到过的书，在这里都看到了。高尔基的书，鲁迅的书，郭沫若的书，茅盾的书，巴金的书……啥书都有。《三国演义》、《西游记》、《水浒传》、《红楼梦》……都是成套成套的。他先拿了一本《唐诗三百首》，转过身又看到了《钢铁是怎样炼成的》，他恨不得一下子把这些书都抱回去，坐下来一本一本的认真阅读，只可惜身上没有多少钱。最后，他捧起奥斯特洛夫斯基的《钢铁是怎样炼成的》专心读了起来。站累了他就蹲那看，蹲累了再站起来。他完全忘记了时间和饥渴，直到书店里一个男营业员冲他们大声喊道：“下班了，关门了，关门了。”

聂海胜和金邦才才恋恋不舍地把书送回书架放好，和其他留恋书的人们一起，最后一批离开书店。

聂海胜和金邦才从书店里出来，天已黑透，街上的路灯全都亮了起来，回学校肯定是吃不到饭了。这时候他俩都感到肚子饿了，咕咕叫的肚子在向他俩提意见，他俩就到小十字街一人买了两个烤红薯。

回学校的路上，聂海胜对金邦才说："保尔之所以很伟大，是因为他意志很坚强，胸怀很宽广，可他小时候也很艰苦，跟我们小时候差不多。"

《钢铁是怎样炼成的》这本书，金邦才上初中的时候就认真阅读过，他接着聂海胜的话茬说："保尔之所以伟大，不仅是因为他勇敢，不怕牺牲，杀敌时总是冲锋在前。在修铁路的时候，饥寒交迫，很多人中途退却了，他却坚持到了最后。而且还因为他有钢铁般的意志，特别有韧性，特别能吃苦，认准的事一定要坚持做到底，在他双目失明后还能写出这么好的书，一般人是做不到的。"

聂海胜很激动："从书中看，保尔好像只读到初中，保尔书没有我们读得多，也没有上过高中，如果我们能有保尔那样的意志，坚定地追求自己的目标，那么保尔能干成的事，我们也应该能干得成。"

金邦才赞成地说："是的，我们应该向保尔学习，像保尔那样做人做事。"说完，两人迈开双腿，朝学校的路上跑了起来。

从那之后，星期天只要没事他俩就往书店里跑。在这里他们想看的书基本上都能看到，像久旱的禾苗遇到甘霖一样，只嫌时间过得太快。海胜对天文和机械动力方面的书，也有着浓厚的兴趣，在书店里只要看到有关这方面的书，他就狂热地阅读起来。有一个星期天，天下着小雨，雨丝悄没声儿地飘洒了一天，他俩静静地在书店里读了一天。

看他俩长时间在书店里光看不买，是俩典型的"蹭书虫"，有一个年轻的男营业员便走上前要赶他们出去。这时，一个年龄大些、一看就是个领导的女同志制止了，她走上前亲切地问："你们是一中的学生吧？"

聂海胜和金邦才感激地点点头。那位女同志又微笑着对他俩说："看吧，想看啥看啥，注意别把书弄折弄脏就行了。”从此，聂海胜和金邦才，享受到新华书店的特惠待遇。

转过身，那位领导感叹地与身边的几个营业员说道，穷学生穷学生，学生时期是一个人一生中最艰苦的时候，难得他们这么用功地看书，一看就是两个好学生。

这两个蹭书的学生的确不赖，很惹人喜欢。他俩不仅很爱惜书，而且每次看完书都要把书送回原处放好，并且主动帮营业员转书码书。

天气变热，作息时间改为夏季作息时间，中午有了很长的休息时间。学生时期的聂海胜，中午向来没有睡午觉的习惯，金邦才也是一样。这么长的时间干什么，两人一商量决定还是看书去。为了节省时间，他俩去来都是跑步。别人 15 分钟的路程，他们五六分钟就够了。

天上没有一丝云彩，火辣辣的太阳把地面烤得滚烫滚烫的，一阵南风从地上卷起一股热浪扑来，火烧火燎地使人感到窒息。南风一阵接一阵，热浪也就一个接一个。盛夏的午后，人们总是特别容易感到疲倦，昏昏沉沉的不想动弹，连林子里的小鸟，也都张着嘴巴在歇晌。聂海胜和金邦才却身轻如燕，一趟又一趟，一天又一天，从学校到书店，来回奔跑着。

柿子黄了，庄稼熟了。当秋天的枣阳大地，从南到北，从东至西，金风送爽、灿烂幽香时，聂海胜和金邦才也迎来了他们各自的丰收成果。

高中学习阶段，聂海胜的各科成绩稳中有升，英语成绩突飞猛进，他还看了很多天文和机械动力方面的书籍。《钢铁是怎样炼成的》、《三国演义》、《水浒传》、《岳飞传》、《格林童话》和《伊索寓言》等文学方面的书籍，不少的名人传记，也都是在这个时期读的。

坐拥书城，这是人成长中最开心、最幸福的日子。这些名著，帮助聂海胜窥探广远、深邃而又新奇的外部世界。一扇知识之窗，在他心中豁然敞开。

聂海胜把这些知识和在课堂里学到的知识融会贯通，他感到自己的眼睛更加明亮、心胸更加宽广了，对实现自己选定的未来目标也更加坚定。

不学无术的人，往往也是孤陋寡闻的人。这样的人，很容易孤芳自赏、夜郎自大。

有价值有意义的书，能够帮自己打开一扇心灵的窗户，使我们看到精彩的世界。高中时期，是聂海胜有生以来读书最多的时候，他接触的书多了，阅读面也宽了一些。然而，恰是这个时候，他反而觉得自己掌握的知识太少了。他多次不无遗憾地对金邦才说："这些书我读得太少了也太晚了，还有更多的书我需要认真阅读。"由此可以看出，此时的聂海胜站得更高了，他对知识的渴求更加强烈了。

聂海胜大量阅读及阅读以后所产生的感悟，给我们的启示是，如果你也想获得成功，其中之一的途径便是像聂海胜那样刻苦读书。俗话说，开卷有益。如果你能把读书当成生命中最热爱的事情，此生你获取的知识一定是丰富的。坚持读书，渴求学问，热爱知识，是一个人最珍贵的特质。

读书，不仅可以增加人的知识，它还可以开阔人的胸怀，坚定人的信心。读书不仅是知识的积累，更是精神与灵魂的成长。聂海胜的成功再次告诉我们：知识就是力量，读书成就人生。

田径场上

高中学习生活刚开始时的聂海胜，和他的同班同学们坐在一起平常极了。跟同学们比较起来，由于他不爱凑热闹，说话不多且声音低，从不高谈阔论，在班里平常得就像一棵小草。

经过一段时间，又经过连续的考试、测验，他被物理老师黎俊忠提名为物理课代表。同学们才知道，那个坐那不吭不哈、留着小平头、黑黑的瘦瘦的叫聂海胜的同学，物理成绩一定好得很。上体育课，他不仅篮球打得好，从始至终满场飞，而且跳高、跳远、单杠、双杠、掷铁饼、短跑、长跑，在班里都十分出色。班主任老师赵天智提名他为班里的体育委员、请同学们举手表决时，结果自然是全票通过了。

秋天的早上，空气格外凉爽清新，晨风中传来了欢快有力的运动员进行曲，学校的秋季运动会这天开始了。

装扮一新的学校大操场，红旗飘扬，彩带飞舞，到处点缀着绚丽的鲜花和红红绿绿的宣传标语。主席台正中的上方，悬挂着“枣阳一中一九八一年秋季运动会”的巨大横幅。高一(6)班的同学，在班长李秉锋的组织下来到大操场，同学们看到他们班的运动健将聂海胜，披着一身灿烂的霞光，正在操场的西北角进行热身准备。

运动会开始，田径场卷起一股旋风，众目睽睽之下，聂海胜一人为高一(6)班夺得两个年级冠军、两个年级亚军，一个学校冠军、一个学校第三。

这一下聂海胜出名了，高一(6)班出名了。高一(6)班的同学们个个脸上洋溢着喜气，大家像疯了似地为聂海胜呐喊鼓掌，都纷纷写稿表扬他。有的写诗歌，有的写顺口溜，表扬稿从不同的侧面赞扬聂海胜。高音喇叭里表扬聂海胜的广播稿最多，聂海胜的名字在同学们的耳边出现得最多。声音清脆甜润的女播音员，播送表扬聂海胜的广播稿，每当读出聂海胜的名字时，都显得是那么的激动。学校团委书记尹昌祥声音虽然远没有那位女同学的声音甜美，但尹书记的声音穿透力很强，感染力更强："同学们！大家看飞毛腿聂海胜又上场啦！""聂海胜又飞跑起来啦！""聂海胜又夺第一啦！"

最激动人心的，还是3000米长跑的那一场竞赛。

那也是一天上午刚开始的时候，随着发令枪一声响，二十多个同学像离弦之箭同时冲出。进入中场的时候，聂海胜还在第一方队的后面。奇迹说出现就出现了，聂海胜前面的同学一个个掉在了他的后面，不是聂海胜的速度加快了，而是这些同学们的速度明显减慢了，有的体力明显跟不上了，聂海胜稳稳地进入了前三名。海胜并不着急，不紧不慢地跟在第一方阵的后面，进入最后一圈的时候，前面两位高二的老大哥都明显想把这位高一的小弟弟甩掉。可结果不仅没甩掉，而且这位小弟弟像个不知道累的机器人似的，在他们身后越跟越近。

此时，田径场上的聂海胜，看上去身轻如燕，又像一匹奔腾的骏马，步履轻盈地沐浴在一片朝霞之中。当他从自己班方队面前跑过时，全班同学看着笑容满面的他不约而同地都站了起来，在团支部书记连金立的指挥下，大家有节奏地喊着："聂海胜加油！聂海胜加油！"

最后200米，聂海胜竟然加速了，在最后的冲刺中，不仅超过了前面的两位高年级同学，还把两位老大哥甩在了身后十多步远的地方。冲过终点，别人都需要同学搀扶，他却像还没跑过瘾一样，笑吟吟地转过身来继续慢慢跑着。坐在主席台正中的校长关东友，乐得呼地站了起来，以夸张的姿势带头鼓掌。"哗——"像一声春雷，像一阵急风骤雨，大操场上2000多学生齐声喝彩，同时使劲地鼓起掌来。

运动会结束，总结表彰时，高一(6)班又增加了两个全校第一：投稿数量全校第一，投稿被采用数量全校第一。

进入高二，经过重新编班和分科，聂海胜和连金立、李秉锋、史天东、张文旭、金邦才、胡华忠、肖居成等高一的大部分同班同学一起，进入到了高二(3)班。组建班委会，当班主任老师赵天智提名体育委员时，同学们像经过排演了一样整齐高声有节奏地喊道："聂——海——胜——"

台上的老师在笑，台下的同学们也在笑。教室里的气氛，是那样的热烈、和谐、自然。

一位新编入高二(3)班爱好体育的同学，一天晨练时向聂海胜请教说："我每次参加学校运动会前，都要提前一个多月练长跑进行强化训练，可为什么总还是拿不到名次呢？"聂海胜笑着回答说："那是因为你跑得还是有点少了。"

跟聂海胜比起来，这位同学跑一个多月的确显得有点少了。跑步，是聂海胜的生活常态，也是他的精神状态。聂海胜从小上学就在跑，上初中当"跑伙生"天天在跑，从学校到家里每天至少跑两趟，并且大部分时间是打着赤脚跑。上高中从家里到学校四五十公里，也有搭班车、搭便车的时候，但大多的时候他还是在跑。不管是从家里到学校，还是从学校到家里，他都必须一气儿跑到。到离学校10公里以外火车站南的土产公司打工，和同学一起到新华书店蹭书，他来回仍然都是在跑。聂海胜就是这样一个打赤脚跑路的人，是日积月累向前跑的人。聂海胜就是这样一个懂得珍惜时间、爱和时间赛跑的人。

聂海胜在田径赛场上跑得很快，他在人生的道路上不是跑得更快吗？

田径场上夺冠要的是真功夫。

进入高中的聂海胜，在同学中个头一般。不说学校和年级同学，就是同班同学中，比他高大威武的也不少。可偏偏就是这个看上去不起眼的刚入校的高一学生聂海胜，夺得了最具实力的3000米长跑全校第一，并在后来的多次学校运动会上，成了这个项目的夺冠专业户。

“聂海胜真是有狠气。”多少年以后,聂海胜的同学和老师们,谈起他当年在田径场上的风采,都用这句话来赞美他。聂海胜狠在哪呢?有人说他特有毅力,也有人说他无比坚韧,还有人说他最能吃苦。当笔者就这一问题请教他当年的校长也曾是我的老师关东友时,关老师略略考虑了一下是这样回答我的:“聂海胜在田径场上有一股子气势,那气势在明显地告诉你,他要超越自我,战胜一切!他表现出来的那种钢铁般的意志和超越自我的精神,是我从来没有见过的。”

成为航天英雄和“感动中国”的新闻人物后,多次出现在电视镜头前的聂海胜,常常是面露微笑。他小学、初中和高中的同学们都说,上学时他们天天看到的就是这张微笑着的脸。从没有听到他叹息过,也没有听到他抱怨过什么。我们知道,聂海胜的学生时期异常艰苦,而他却是面带微笑地度过了学生时期的每一天。

微笑着从昨天走来,又微笑着向明天走去。透过聂海胜的微笑,我们看到的是他对生活的热爱、知足、自信和坚定。聂海胜笑得坦然、真切、灿烂,聂海胜用微笑告诉我们,在实现成功目标的努力中,很多时候,除了顽强拼搏和不懈奋进外,别忘了还有微笑。生活需要微笑。

姐弟情深

每逢星期天和节假日，只要是自己可以支配的时间，聂海胜不是去火车站打工，就是去大东街新华书店蹭书。前者是体力锻炼，后者是精神体操。

不论是打工挣钱，还是去书店看书，这对他都有巨大的吸引力。为了完成学业，为了减轻妈妈的负担，他太需要钱了。打小的时候，家里和村里几乎没有书，书店的书很多又都是好书，在这里他想看的书太多。他总是感觉时间过得快，他总是感觉时间不够用。不知不觉，海胜已有四个多月的时间没有回家了。这是他上高中后，离家时间最长的一次，他很思念家乡的亲人，家乡的亲人也时刻在牵挂着他。

这是个星期天的晚上，从火车站打工返校的海胜，看到自己的床头上放着半袋炒面和一双黑灯芯绒千层底布鞋。

海胜知道，这是同村的肖居成从家里给他捎来的，海胜心头一热，双手抓起鞋就贴在心口上。在那个物资匮乏的年代，乡下黑颜色的灯芯绒，不仅价格贵，而且不好买。平时，人们能穿一双新布鞋或一双平绒布鞋，就已经是很不错的了。在小县城里，能穿上一双黑颜色的灯芯绒千层底布鞋，不说是乡下的孩子，就是城里的孩子，也是很自豪很光彩的。

海胜捧起鞋，又上下里外仔细看了一遍，穿上鞋站起来走了两步试了试，太合脚了。从细密均匀的针脚和硬邦的鞋底上看，海胜知道鞋是五姐给自己做的。五姐的针线活，虽是跟妈妈学的，可妈妈年纪大了，眼神和手劲都不如从前，只

聂海胜和妻子聂婕琳合影

有五姐能做出这双鞋。海胜还知道，五姐和妈妈平日里农活很忙，五姐千针万线纳这双千层底，不是在夜晚就一定是在下雨天。

高中时期的聂海胜，有一套学生蓝，还有一套军干服，这两套衣裳换洗着穿，海胜穿的在班里还算可以，他经常犯愁的就是脚上的鞋。

每天清晨，海胜要在大操场跑上六七圈或十几圈。跟同学们比起来，他每天的运动量大一些，加上节假日到火车站南的生产资料公司打工，到书店蹭书去来时喜欢跑步，虽然他十分节俭，鞋穿的仍然很费。他那时有双网球鞋，那双网球鞋平时绝对不穿，只有学校开运动会才穿出来亮相。运动会的时候，家里经济条件好一些的同学，有的穿的是回力牌运动鞋，有的穿的是雄鹰牌运动鞋，海胜没有运动鞋，他只有这双网球鞋。这双网球鞋，为他在田径场上夺冠拿名次，立下了汗马功劳。为了省鞋，他经常赤脚打球，赤脚走路跑步。虽然是节省又节省，但一双鞋也只能穿两三个月。

他把姐姐做的千层底，捧在胸口上时，珍惜的不仅是这双鞋，他更珍惜姐弟间的亲情。海胜明白，这双鞋和过去姐姐给自己做的鞋，都凝结着姐姐对弟弟的千分情万分爱。是花多少钱也买不来的。

放下鞋,海胜就抓了一把炒面放在嘴里。这把炒面越嚼越香,炒面的炒法、咸淡、火候和妈妈过去做得完全相同,所不同的是,这半袋炒面是白面炒的,并且还放了点油。海胜知道,这个时节家里是没有白面的,有的只是很有限的黑面。油,这个时节家里也是没有的。四姐家和肖居成的家在一个自然村,海胜认定,这半袋炒面一定是四姐给他炒的。果然,回寝室的肖居成告诉海胜,炒面是他四姐让自己捎带的,鞋是他五姐做的。

嘴嚼着香香的炒面,眼看着针脚绵密的千层底,海胜沉浸在对往事的回忆中。想着想着,海胜的眼睛湿润了。

父母生下五个姐姐后,才在千呼万唤中生下男儿海胜。海胜是父母的心头肉,是家里的荣誉和骄傲。

小时候,由于海胜在家里的特殊地位,姐姐们不仅吃的穿的都让着他,而且从各方面关心着他。就是在特别忙的时候,能让他多睡会总是让他多睡会。记得有一年夏收夏种,也就是农村男女老少齐上阵的农忙时节,父亲要五姐喊上海胜一起下地。五姐知道海胜在小爹家和海远一起玩,她到小爹家看海胜和海远在竹床上睡得正香,就没有叫醒他们。为了缓解家里的困难,为了让海胜完成学业,姐姐们读完小学后就没再上学了。可怜的姐姐们啊！但姐姐们没一人有怨言。

海胜考上县一中,几个出嫁的姐姐,不约而同地赶回来。有的给海胜准备了被子,有的给海胜准备了蚊帐,就连洗脸的毛巾脸盆,吃饭的钵子勺子,都给海胜准备齐全了。姐姐们看着弟弟说呀笑呀,越看越喜欢,越看越高兴。这时候的海胜,个头已超过所有的姐姐,但二姐还是像海胜小的时候一样,坚持给他洗了个头,三姐把海胜的衣裳全部找出来,该缝的缝好,该补的补两针,就连每个扣子都仔细检查一遍,然后折叠捆好。姐弟情深,天地可知。

离家的前一天晚上,妈妈给海胜煮了四个鸡蛋,悄悄放在海胜的包里。细心的海胜留下两个,另两个一个剥给妹妹吃了,一个剥给弟弟吃了。

入学报到那天，是五姐拉板车送他到学校的。先一天夜里，一切都已准备停当，妈妈好像就没有睡觉，海胜和五姐刚睡了一会，妈妈就把姐弟俩叫起来了。海胜和五姐吃过饭，带上干粮就上路了。

海胜第一次离家，要到很远的县城上高中。离开聂庄时，妈妈把姐弟俩送到村口上，该交代的话又交代一遍，才看着海胜姐弟俩上路。

他们出门还是前半夜，头顶上的月亮不是很亮。杨垱街上静悄悄的，只有海胜姐弟俩拉着板车，打破深夜的宁静。四周听不到一丁点声响，走过杨垱街很远了，远近村庄的公鸡才开始叫头遍。

聂庄离县城足有50公里，姐姐送海胜到学校后，回家还要再走一个50公里。一路上，海胜不仅不让姐姐拉车，还坚持让姐姐坐在车上。姐姐想到自己是来送弟弟的，怎么能让弟弟拉车呢？姐弟俩争来争去，结果，除了上坡外一直是海胜拉着姐姐向前跑。

姐弟俩走走跑跑。走过袁庄，天空渐渐发白，东方露出了晨光。万道彩霞后，一轮红日露出了笑脸。

五姐把海胜送进学校，又帮海胜把床铺等收拾好后才拉上板车返回。海胜把一切忙完，感到两腿酸疼酸疼的，双脚也火烧火燎的疼痛，脱掉鞋看到自己的双脚都打泡了。一气跑50公里，是海胜有生以来第一次，想到姐姐返回还要再跑一个这么远，海胜心里十分难受。来的路上，姐弟俩说说笑笑还有个伴，回去的路上只有五姐一人。这一趟，五姐要吃多大的苦呀！海胜在心里默默地对自己说："聂海胜呀聂海胜，你必须得好好学习，若不取得好的学习成绩，不说报效祖国服务人民，咋对得起自己的五姐和家乡的亲人呢？"

聂海胜的五姐聂道琴，从小经艰苦环境的磨砺，风里雨里啥农活都能干，像妈妈一样啥苦都能吃。对弟弟的一腔深情，期望弟弟学有所成，弟弟像精神支柱一样支撑着她。

五姐在返回的路上，她一气儿跑到十八里河才歇气。她先在河沟里捧了两捧水喝，看天快晌午，也感觉很饿了，就打开包准备吃干粮。包一打开，她看到两个鸡蛋还在包里。分手时，她把装在干粮包的俩鸡蛋特意给弟弟留下，不知啥时候弟弟又把俩鸡蛋放进包里了。多么细心的弟弟呀！在姐姐们心目中，海胜是最优秀的，五姐为有海胜这个弟弟感到自豪和幸福。只要弟弟能学有所成，当姐姐的再苦再累也值得。

五姐一个人拖着板车，走过太平街她没歇脚，走过杨垱街她又没歇脚。五姐要尽快回去告诉妈妈，弟弟已到县一中报到入学了。刚走出杨垱街，五姐听到妈妈在路边叫自己。一看到妈妈来接自己，五姐一直鼓着的劲散了，一下子腿也软了，脚也挪不动步了。妈妈把五姐扶到板车上坐好，拉上五姐往村里走，母女俩回到家时，已是掌灯时分……

收麦子的第二天下午，聂海胜早早赶回了家。

这两天是月休，海胜又向老师请了两天假，他计划帮妈妈和姐姐，把家里的麦子收割完再回学校。回到聂庄，海胜直接到自家责任田里，妈妈和姐姐，还有妹妹弟弟，一家人全在这里。久未回家的海胜，用自己打工挣的钱，给妹妹和弟弟每人买了一小包水果糖。见到妈妈，他先给妈妈剥了一个吃，又给姐姐剥了一个吃。

这次回家，海胜还特意给五姐买了一条当时很流行的紫红色纱巾。海胜知道，五姐一直希望有一条这样的纱巾。

《姐弟情深》等六篇，是笔者作品初稿完成后请提供素材的人审阅时又采写到的。

审阅完这篇作品后，海胜的五姐深情地对我说了这样一句话："我的弟弟真是个少有的好人，他心里总是光想着我们。"

聂海胜的母亲从北京回家乡后，母亲每次生日前海胜都要给母亲写封信并寄上 2000 元钱。海胜姐姐们各家小孩结婚，海胜也要写封信并寄上 800 元钱。谈到这里，海胜的五姐夫张群山插话说："他们也不是做生意的，手里该有几个钱呢？无非是靠省吃俭用。”

“海胜心好，弟妹聂婕琳心也好。弟妹若不支持，海胜能把钱寄回来吗？”谈完这件事，海胜的五姐又给我讲了很多。

聂海胜敬老爱亲的事，像他关心集体、关心同学一样很多很感人。很难设想，一个连自己的亲人都漠不关心的人，他能关爱集体关爱他人吗？

由于农村的艰辛，加上医疗条件差，海胜的五姐像这里的其他一些人一样很早就不幸患上了严重的类风湿病，虽治疗多年却没见好转。当时还在南昌空军某部的海胜，时刻把五姐的病痛挂在心上。在紧张的工作之余他跑了很多医院，找了很多名医，不停地把治类风湿的单方和药品寄给五姐。调到北京后，他又把五姐接到北京治疗。一天，他听说北京西郊有一位老中医，治类风湿很有效果，当即陪五姐一起找去。老中医认真地做了诊断后，开了20服药让海胜的五姐带回家，并告诉他们，20服药能治好就治好了，若治不好也就这样了，让他们不要再白花钱了。海胜问清楚，这个药对人体没有副作用，并得到老中医的同意，他一次性地给五姐取了30服让五姐带回家。

最终，海胜五姐的腿病没能治好。但五姐村上的人都对她说：“弟弟的心尽到了，难得你有这么好的弟弟。”

讲到这里，我看见海胜的五姐聂道琴，眼睛里噙满了泪花。我和海胜的五姐夫张群山，眼睛也都湿润了。

心中有孔明

高中时期的聂海胜,衣服鞋袜不多,在班里同学们的印象中,他经常好穿的衣服是一套军装和一套学生装。但他穿的衣裳,不管新旧总是洗得很干净,折叠得很整齐,不管穿什么都显得很精神。高中同学中留长发、蓄分头的很普遍,他一直习惯理平头。从穿着打扮到言谈举止,他都像一个兵。他对军旅生活,表现出超出寻常的兴趣和热情。

高二下学期,一个周末。吃过晚饭,聂海胜和胡华忠、肖居成、周越颖、李军等同学,漫步在学校后面一条弯曲的乡间小路上 。路两旁的两排白杨树,一棵棵长得笔直挺拔。

一轮明月从东边升起,银色的月光泻在地上,微微的南风拂面,大家感到心旷神怡。

同学们走着聊着,突然,不知哪位同学响亮地来了一声:"啊!淡泊以明志,宁静而致远!"声音洪亮,又充满感情。

大家静声细听时,半天却没有下文。那位同学明知大家在等他的下文,却放声高唱起了"在那桃花盛开的地方……"歌唱得不咋地,却一脸的严肃认真,大家一阵哄笑后,聂海胜对同学们说诸葛亮的《后出师表》他现在还能背下来。

诸葛亮的《后出师表》是他们初中时学的,课文要求学生背诵。对那篇 700 多字的文言文,同学们都不陌生。当时为了背那篇文章,大家都下了一番苦功,很多同学背了多遍才过关。过关完成任务,就把那篇古文扔到脑后了。但听聂海胜说他现在还能背诵,大家都有点不大相信,以为他在开玩笑。

肖居成看着聂海胜说:“我当时下了好大的劲才背住,现在只记得最后一句了:‘臣鞠躬尽瘁,死而后已;至于成败利钝,非臣之明所能逆睹也。’其余的我现在都不记得了。”

肖居成的话周越颖很有同感,他激将聂海胜说:“那么长的一篇文言文,又事隔这么长的时间,你现在真的还能背?该不会是吹牛吧。现在能不能当面背给我们听听?”

聂海胜看同学们都以期待和几分怀疑的目光在看着自己,微笑着背了起来:“先帝深虑汉贼不两立,王业不偏安,故托臣以讨贼也。以先帝之明,量臣之才,固知臣伐贼,才弱敌强也。然不伐贼,王业亦亡。惟坐而待亡,孰与伐之?是故托臣而弗疑也。臣受命之日,寝不安席,食不甘味;思惟北征,宜先入南;故五月渡泸,深入不毛,并日而食。臣非不自惜也,顾王业不可得偏安于蜀都,故冒危难以奉先帝之遗意也。而议者谓为非计。今贼适疲于西,又务于东,兵法乘劳:此进趋之时也。谨陈其事如左……”

聂海胜一气背完,不仅流畅自然,而且还抑扬顿挫带着深深的感情。听得出,他把标点符号都背出来了。在场的同学们惊叹不已,都夸奖聂海胜记忆力好。

从小学开始就和聂海胜是同学的肖居成却不这样看,他在佩服聂海胜记忆力好的同时,认为聂海胜的胸中有一团火,这团火一直在熊熊燃烧,这是一团希望之火,理想之火。不然,从小学到初中到高中,聂海胜怎么会夺那么多的第一,得那么多的奖状,扛那么多的红旗?在他多次没有钱交学费的时候,在他和家人的温饱受到威胁的时候,在他面临辍学的时候,他从没有悲观失望、自暴自弃,对前途对人生始终充满信心,人生的脚步一直是那样的坚定扎实。当他取得成绩的时候,当他受到赞誉的时候,当他登上一个又一个台阶的时候,他从没有骄傲自满,他把成绩和荣誉看得很平淡,他看重的是不停地努力,不间断地攀登。他具有超人的毅力和拼搏精神,他胸怀宽广目光高远,他很早就把人生的坐标定在了报效祖国的位置上。这也许就是先贤榜样的力量。

当肖居成谈出了自己的这些见解，并肯定聂海胜这些年，还经常在背诵初中学过的这篇古文时，一向低调的聂海胜面对肖居成嘿嘿一笑：“我只是喜爱诸葛亮的这篇优美文章。”

性格内向文静、说话总是声音很低、平时很少与人争论的肖居成，当即反驳他说：“我看你更喜爱诸葛亮的优美人生。你想将来像诸葛亮那样报效祖国，干一番伟业。”

如果用现代军人的标准来衡量古代的军人诸葛亮，他堪称是中华民族的一位优秀军人，是军中之魂。他把自己的一切献给了军队，献给了国家。他用自己的伟大行动践行了他生前的豪情壮语：“非淡泊无以明志，非宁静无以致远”，“鞠躬尽瘁，死而后已”。诸葛亮的担当精神，在聂海胜的心中早已扎下了根。

喝汉江水长大成才，在襄阳城西20里处的古隆中躬耕苦读10年，27岁从隆中出山，被刘备“特招”入伍的诸葛孔明，未出茅庐就三分天下，留下著名的“隆中对”。他的一生虽然短暂，却叱咤风云，惊天动地。从古至今中华民族把他视为智慧的化身，引以为骄傲和自豪。襄阳人民在崇尚他的足智多谋的同时，更崇尚他的无私奉献，他“鞠躬尽瘁，死而后已”的精神，影响和教育了一代又一代襄阳儿女。

上初中时，就把诸葛亮的《后出师表》熟记于心，到高中快毕业时还能当众熟练背诵的聂海胜，就是其中的一位优秀代表。

聂海胜在襄樊的一天日程安排得很满，只是下午有近两个小时的个人支配时间。当有关领导事前征求他的意见问他有什么打算时，聂海胜提出想与在襄樊工作的高中时的同班同学见个面。同学们用手机互相传递着这一喜讯，没在襄樊的同学急忙往回赶。

襄樊职业技术学院副教授钟爱军，上高中时曾和聂海胜是同桌；在襄樊工程机电学校任教的高玉改，上高中时是班里的副班长兼学习委员，他俩建议准备一束最好的鲜花和一件最好的纪念品送给聂海胜。同学们在襄江两岸满大街跑着找合适的纪念品，同学们一边跑商店，一边用手机交换着意见，大家达成了三条共识：一是纪念品要够品位，拿得出手，能够代表襄樊；二是纪念品要与聂海胜的英雄身份相匹配，送给军人的聂海胜比较合适，具有珍藏价值；三是尽可能使聂海胜能够喜欢。

钟爱军一中午没休息，跑了很多的书店、字画店、工艺品店，最后终于在古襄阳城的东鼓楼商场一楼东北角的工艺品柜，看到了雕刻在水晶玻璃上的诸葛亮的《出师表》。这个台历式的水晶制品很精美别致，既可以放在办公桌或书案上，又可以折叠放在盒子里珍藏起来。巧的是，雕刻在水晶玻璃上的《出师表》，正是他们上初中时语文课文学过的诸葛亮的《后出师表》。钟爱军双手捧着《出师表》长长地舒了一口气，在心里说："就是你了，我终于找到你啦！"

高中是人生的一个重要时期，高中的老同学，多少年不见面彼此都不感到生疏。聂海胜和二十多年没见面的同学们相见时异常激动，同学们在激动的同时，更为他感到骄傲和自豪，阵阵的欢笑声不时飞出窗外。钟爱军拿出自己买的纪念品，作为同学们集体的礼物送给聂海胜时，聂海胜连声表示感谢。当聂海胜看清楚透亮的水晶玻璃上雕刻的是诸葛亮的《后出师表》时，专注地看了钟爱军一眼。他在心里想，高中快毕业时他背初中学过的《出师表》，今天在场的同学当时没有一个在场，这件事在同学们中也没有传开，钟爱军他们怎么会知道自己喜欢诸葛亮的《后出师表》呢？事后，当笔者问钟爱军、陈永祥、杜锐等那天与聂海胜见面的同学，知不知道聂海胜高中快毕业时，还能全文流畅背诵初中学过的《出师表》时，同学们在感到惊奇的同时，都说没听说过。这件事可能是巧合，也可能是英雄所见略同。

那天，同学们与聂海胜见面时，不约而同都把自己的小孩带来了。这帮 12 至 14 岁的小朋友不是大人们要带他们来的，而是他们自己坚决要求来的，并且都带了一个厚厚的笔记本。聂海胜给每个小朋友都签了名题了字。高玉改的儿子问英雄叔叔，说他喜欢物理，爱好飞行，长大了能不能当飞行员？

聂海胜拍着他的肩膀鼓励他说："能，一定能，只要你胸怀祖国，努力学习，身体健康，不懈地追求，你想干的事一定能干成。"聂海胜还对在场的其他小朋友们说:“你们是年轻的一代,只要你们努力,打牢文化基础,继承和发扬我们中华民族的光荣传统,将来你们一定比我们强。”当有一个小朋友提出:“长大了我也能像你一样当航天员吗?”聂海胜笑着回答说:“太空有很多未知数等待着你们年轻的一代去探索,祖国有很多的工作等待着你们将来去完成。”

聂海胜应邀与各家分别合影,当与被同学们称之为“嫦娥”的女同学合影时,一个男同学对聂海胜说:“你虽然飞上了天,但在天上既没有人给你献花也没有见到嫦娥,今天你不仅见到了‘嫦娥’,还与‘嫦娥’合影留念,看来还是祖国好,还是家乡好。”反应机敏的聂海胜,当即接过话茬说:“家乡的山好水好人更好,在我看来我们班的女同学,个个都是嫦娥,当年的小姑娘虽然如今都变成大姑娘了,但一个个依然是英姿飒爽,光彩照人。”

聂海胜的一席话,说得在场的男女同学们和他们的家属都笑了,特别是女同学们笑得更甜。聂海胜的话,透着幽默,带着玩笑,戏语中表达的却都是实情。他们班的十几位女同学,虽处在人生重负荷的中年,但不论在事业上,还是在家庭建设上,个顶个的都很优秀。

老同学相聚是人生的一件快事。尤其是高中的老同学中年相聚,一个个心态都回到了纯真的学生时代,回忆母校、回忆老师、回忆同学、回忆那一段美好的时光,大家说不完,笑不尽,仿佛都年轻了许多。高中毕业就参军的聂海胜,一直在直线加方块的军营里生活,回到了家乡与老同学们聚到一起,他显得开心极了。当同学们都抱怨他没有把妻子聂婕琳和女儿聂天翔带来,为英雄的妻子和英雄的女儿没到场感到遗憾时,聂海胜承诺说,今后会有这种机会的。

提起妻子聂婕琳,聂海胜神采飞扬,满脸洋溢着喜悦。一向很少向人谈妻子的他,在老同学们面前谈起聂婕琳,话里话外让大家感到他对妻子的无限爱意。爱情这东西其实就是缘分,南昌姑娘聂婕琳在聂海胜的心目中,不仅美丽又大方、聪明又漂亮,而且还是一位心灵特别美好的姑娘。聂海胜和聂婕琳喜结良缘后,母亲跟着他一起在南昌生活八年,后又转到北京生活四年。没有一个贤惠的媳妇,母亲能跟着他生活这么长的时间吗? 2004 年 10 月,母亲不幸患病住院后，正在备战“神六”的聂海胜，回家乡守护母亲5天5夜后就急忙归队了。是妻子聂婕琳留下来日夜守护婆母。在医院照顾婆母期间，聂婕琳每天都要为婆母洗脚、洗澡、按摩、喂饭，日复一日，从不厌烦。俗话说，“久病床前无孝子”，这话在聂婕琳面前不灵了。聂海胜平时的训练成绩始终在往前走，他在事业上能够取得成功，与他身后有一位贤内助是分不开的。

老同学钟爱军，看聂海胜提起聂婕琳没完没了，替他说了一句珍藏在他心里多年没说的话：“我们知道，聂婕琳就是你多年寻觅的那个她，就是你心目中的玫瑰花。”一句话，说得老同学们和在场的小朋友们都大笑起来，聂海胜笑得更是异常灿烂。

时间过得太快了，聂海胜归队的时间到了。两天后他怀抱着同学们送给他的《出师表》，牢记着家乡领导和父老乡亲们对他的期望和鼓励返回北京时，登上飞机的他忽又转身，深情地看了一眼襄樊这片热土。

黑夜接同学

聂海胜上高中的时候，从杨垱镇到枣阳城的长途班车票是 7 角钱一张，后来涨到了 8 角钱一张。聂海胜和同学们去去来来，搭班车的时候也有，但多数时候去来还是步行。聂海胜一个人去来的时候，他总是跑步，赤脚跑步上学已是他多年的习惯。

高二下学期的一个星期六下午，第二天是个单休。月考结束后，十几个杨垱和罗岗的同学相约回家，他们走出学校门已是下午 5 点多钟，走到高公桥天就擦黑了。

这时公路上呼呼隆隆地，一前一后开过来两辆“老嘣嘣”拖拉机，正是个慢上坡弯道，不知哪个同学喊了一声：“搭便车吧！这样走回去肯定要走到半夜里了。”

同学们像离弦的箭呼地一声都冲了上去，聂海胜敏捷麻利，和张文旭等搭上了第一辆车。那个年代搭便车是普遍现象，遇有搭便车的，正常情况下司机都要带一脚刹车。

“老嘣嘣”拖拉机老是老，但速度还是比较快。聂海胜和同学们坐稳以后，拖拉机便在平坦的公路上疾驰，路边的树、田野和村落飞快地向身后闪去。车到杨垱街刚 7 点多一点。聂海胜从车上跳下来，和同学们告别分手后急忙往家赶，刚跑了两步他又突然停了下来，他这时想到，会不会有同学没搭上车呢？

聂海胜的家离杨垱街还有 12 华里，想到这里他没有急于往家赶，而是站在那等第二辆车。第二辆车到了以后，聂海胜一清点果然少了一个同学，胡华忠没有搭上车。第二辆车上的史天东和王志向等以为胡华忠在第一辆车上，当时大家都很急，车又行进在一个慢上坡的弯道，一拐弯就看不到后面的情况了。

聂海胜心里很焦急，他牵挂着胡华忠。

胡华忠一个人，这会儿是正在朝回走，还是又返回学校了呢？如果他继续在朝回走，那么他这会走到哪儿呢？这么远的路程，又是个月黑头天，他一个人肯定害怕。于是，海胜决定转回去接他。

聂海胜先到杨垱粮管所，找到胡华忠的哥哥。胡华忠的哥哥听说弟弟一个人还在路上，急忙找来两辆自行车，和聂海胜一起上路了。聂海胜骑自行车跑在前面，沿路返回心急如火地去接胡华忠。

胡华忠个小，眼睛近视，年龄又小一些，掉队的他一下子感到孤独起来。没走两步，天就完全黑了。他看看前面，又看看后面，到处黑咕隆咚的。这时，他想转回学校吧，已经走了有10多公里了，继续往前走离杨垱街还有30公里，犹豫了一下，他决定还是往前走。

起风了，沿途的树木和小草左右摇晃起来。走着走着，胡华忠开始害怕了，两腿发软，走路打颤，两个手心不知啥时候也出汗了。后面来车"刷"的一声，带着一阵风和灰尘过去了，车好像是擦身而过，胡华忠害怕。前面来车多远灯光就晃得睁不开眼睛，车好像直往身上开来，胡华忠还害怕。没有车的时候，野外的风刮着刮着还带着哨，风声一阵紧过一阵，声音听起来怪怪的，风声里面还夹杂着远处猫头鹰的呜咽声……路边这看着一个黑影，那看着一个黑影，胡华忠更害怕。

恐怖得浑身麻木的胡华忠，此刻，多么希望能有几个同学与他结伴而行，哪怕只有一个也好，他最希望聂海胜能和他同行，但他知道是不可能的。他只好硬着头皮继续往前走，为了给自己壮胆，他扯开嗓子放声高唱起来。刚唱了两声，他又不敢唱了，他害怕来人把他当成精神病了。再往前走不远，就是那片乱坟岗了。乱坟岗杂树丛生，白天人烟稀少，晚上更是阴森，曾听大人们说这里好闹鬼……

胡华忠双腿越发发软，止步不前正在犹豫时，身后呼地一声，他还没敢回头看，一只灰白颜色的野狗从他身后向前猛地窜去。“哎呀！我的妈呀！”胡华忠吓得蹲在了地上，半天心口还嗵嗵直跳。刚从地上站起来，隐约听到好像有人在喊自己的名字，他没敢答应，直到聂海胜骑自行车走到他近前，连声喊道：“是胡华忠吗？是胡华忠吗？”

胡华忠不敢相信自己的耳朵：“这分明是聂海胜的声音呀！他怎么会在这个时间会在这个地方叫我呢？”胡华忠像在梦中似的，当他回过神来，听清楚是聂海胜的声音，聂海胜已从自行车上下来，拉住了他的手，又从他身上取过书包，背到了自己身上。

看到老同学和哥哥来接自己了，胡华忠没顾上说话，紧紧拉住聂海胜的手不放，止不住呜呜呜地放声哭了起来：“哎呀！吓死我了，多远都看不到一个人影呀！”

胡华忠的哥哥对他说：“海胜兄弟看你没搭上车，很焦急，连口水都没顾上喝，立马转来接你。别哭了别哭了，我们快回家吧。”

聂海胜和胡华忠的哥哥，交替用自行车带着胡华忠，他们回到杨垱街吃过晚饭，时间已是夜里一点多了。当晚，聂海胜和胡华忠，就住在胡华忠哥哥家。胡华忠反复对聂海胜说：“当时，我只知道害怕，天黑咕隆咚的，时间又那么晚，咋也没想到你会转来接我。”

聂海胜光笑不说话。他在关心帮助别人时，总是行动多言语少。

后来走上教育战线，担任镇中学副校长的胡华忠，在给自己的学生讲课的时候，他常给同学们讲聂海胜。他除了给同学们讲聂海胜刻苦学习的故事外，还给同学们讲聂海胜很早就有理想，聂海胜具有顽强的毅力，聂海胜特别能吃苦，聂海胜一直乐于助人……

聂海胜成为航天英雄后，胡华忠有自己的独特见解：“以聂海胜非同一般的高尚品格，顽强拼搏的作风，永不自满的进取精神，壮怀激烈的报国热忱，他成为航天英雄是必然的，即使有一些偶然性，这种偶然也在必然之中。退一步说，他就是不成为航天英雄，也可能成为航海英雄或别的什么英雄。”

聂海胜爱护同学，情同兄弟，在胡华忠的心目中，聂海胜早就是一个英雄了。在聂海胜成为英雄之前，胡华忠就把他当成英雄在宣传。聂海胜是一面旗帜，一面看得见、摸得着、能够学的旗帜。

平凡的生活中，也会出现英雄人物。只是由于事迹平凡，不惊人，却感人，权当好人好事在宣传。作为老师的胡华忠，长时间向自己的学生宣传聂海胜，他是把聂海胜当成自己和自己学生的榜样，引导和鼓励自己的学生，向聂海胜学习，走聂海胜成长的道路。

谁是雷锋

这天晚自习的时候，班主任老师赵天智走上讲台，笑眯眯地对同学们说：“我们班里有一个同学，长时间以来，像雷锋一样经常做好事不留名，他多次利用休息时间，在教室里修桌子修凳子……”

听话听声，锣鼓听音。听赵老师的口气，他已知道这位同学是谁了。可赵老师却故意卖了一个关子，话锋一转向同学们提出：“谁是雷锋？这个人是谁？请知道的同学举手告诉我。”

赵老师的话音刚落，男同学们几乎全举手了，女同学们举手的也不少。大家举手的同时，都转身看着聂海胜。

用这样的方式，当众表扬一个学生，赵老师还是头一次。赵老师既是聂海胜的化学老师，又是他的班主任，还是他的同乡。赵老师喜爱自己的每一个学生，他更喜爱聂海胜，他一直为有海胜这样一个门生而自豪。此时的赵老师，连眼角眉梢都在笑。

赵老师收起幸福的笑容，注视着聂海胜说：“以雷锋为榜样，把集体装在心里，把同学们装在心里，遇事能为他人着想，这是一种高尚的品格。在我们班里，聂海胜就具有这种高尚的品格。谁具有高尚的品格，谁才有可能追求和攀登人生的高目标。”赵老师的这一番话，既是对聂海胜的表扬，也是鼓励同学们向聂海胜学习，向聂海胜看齐。

聂海胜在追求人生高目标的过程中，是从一点一滴做起的。

深秋,天渐渐冷了,学校还没有换玻璃。早晚自习的时候,冷风从破玻璃的窗口灌进来,不光坐在窗口的同学们有些顶不住,其他同学们也都感到很冷。聂海胜就找来透明的塑料薄膜,又买来图钉,把玻璃破掉的几个窗口全部钉上了。教室里一下暖和了,光线也没受影响。几个坐在窗口的同学,都从心底里感激聂海胜,他们由衷地对聂海胜说:“谢谢你,你真是我们班里的活雷锋!”“应该的,应该的。”每当有同学表扬自己时,聂海胜都微笑着这样回答。

不知什么时候,班里后门下半截的木板掉了,聂海胜就找来钉子及时钉上。可能是木板有些腐了的原因,钉一次管不了几天又掉了。第三次聂海胜就找来6根木衬,在周越颖的帮助下,先将木板钉上,然后又从里外各钉了3根横衬,从那之后直到他们高中毕业,后门的木板就再也没有掉过。粉笔字像钢笔字一样写得很潇洒很漂亮的班长李秉锋,为此专门写了一篇表扬稿表扬了聂海胜和周越颖。赵天智老师又表扬了李秉锋,称赞李秉锋班长当得好,及时表扬学雷锋做好事的同学。赵老师对大家说:“一个班就是一个集体,一个集体要充满活力充满战斗力,就要及时扶正祛邪,鼓励和表扬先进,批评和制止不良行为,使后进赶先进,先进更先进。”

高中二年级上学期的一天上午,聂海胜看到杜宏和任青两位女同学上课时挤在一个凳子上,他猜想可能是其中的一个凳子坏了。放学后海胜过去一看,果然是任青的凳子断了两条腿,他就找来工具、木条和钉子,悄悄地修了起来。海胜动手能力强,干活动作麻利。吃过饭,当杜宏和任青走进教室,准备把凳子拿出去找人修理时,却看到聂海胜一个人在教室里正弯着腰在修那个凳子。看两位女同学进来了,满头大汗刚把凳子修好的海胜对她们说:“这是小毛病,已经修好。”任青把凳子放在地上试了试,稳稳当当的,连声对聂海胜说:“谢谢你,谢谢你。”聂海胜一边收拾工具一边回答说:“不客气,应该的。”说完,海胜快速跑出教室吃午饭去了。

有段时间,班里的男生临时搬到学校原印刷厂的车间住宿,可能是车间低洼潮湿,或长时间没人住的原因,除聂海胜等几个同学外,多数同学都得了疥疮。

疥疮的病原体是疥螨，多发生在手腕、手指、腋窝和肩背等部位。患处又疼又痒，十分痛苦，大家的学习明显受到影响。聂海胜把同学们的痛苦当成自己的痛苦，跑前跑后，把从学校医务室领来的治疥疮的药分发给同学们，帮助校医给同学们挨个检查治疗。听校医说，疥疮属于传染性皮肤病，有的同学怕传染，那几天躲得远远的，不敢与得疥疮的同学们接触。聂海胜却一天三遍帮同学们抹药，他不嫌麻烦，不管谁叫他都乐呵呵的，随叫随到。

一周后，得疥疮的同学们除了李军外，都已逐渐康复。看李军有些着急，聂海胜鼓励他说："要相信校医的医术，大家都好了，你也肯定会很快好起来的。"那几天，李军要去医务室打点滴。打点滴需要的时间长，海胜怕李军着急，就主动去陪李军。为了给李军助兴，海胜找来象棋和他对弈。李军在班里各方面都一般，就是下象棋厉害，海胜在班里各方面都很突出，下象棋却很臭。李军先让他一个马，又改让他一个车，结果海胜仍是下一盘输一盘，李军开心极了。到第四天的时候，李军的疥疮全好了，一点也不疼不痒了。李军高兴地拉住海胜的双手说："海胜，我该怎么感谢你呢？"海胜回答说："应该的，我们是同窗好友，你好好学习完成学业，就是对我最大的感谢。"

一天下午，突然下了一阵大暴雨，宿舍进了不少水。聂海胜和同学们都主动把水朝外清除，有几个同学却躺在床上不动，班干部督促了还不动。聂海胜就高声喊道："水不清除干净，不尽快解决潮湿，小心还会得疥疮。"一听说得疥疮，那几个同学一骨碌都爬起来。大家一起动手，把宿舍的水清除得干干净净。第二天中午，海胜又和班里的几个学生干部一起，找来板车铁锹，拉土拉沙，把宿舍门口垫高了一些。根据校医的建议，海胜又找来生石灰，撒在宿舍几处进水的地方。

高中学习期间，同学们感冒生病是少不了的。聂海胜只要发现哪个同学病了，他都要关切地上前询问，总要主动帮助生病的同学做些事情。最起码，他可以帮助打水打饭，或帮助洗洗衣服。

像这样关心集体帮助同学的故事，在聂海胜身上演绎了许许多多。同学们向他表示感谢时，他总是那句话："不客气，应该的。"每当集体和同学有事有困难的时候，聂海胜就会及时出现在面前。

接受组织交给的任务，一气采写完航天英雄聂海胜青少年时期的故事后，作为作者，我的心情仍久久不能平静。一股激情猛烈地撞击着我，两个多月来的所见所闻所思，很想首先传递给亲爱的读者。

聂海胜原本是一个普普通通的农家孩子，他能成为闻名全国的航天英雄，成为"感动中国"的新闻人物，成为家乡百万人民爱戴的骄子，看起来好像很偶然，在我调查采访完他青少年时期的经历和众多生动感人的故事之后，我和他的很多同学老师乡邻，共同感到偶然在必然之中。

这种必然，除了党的教育、祖国的培养、人民的养育外，就是他个人的积极因素，这种积极因素就是他既普通又不普通的一面。聂海胜不普通的一面是多方面的，突出的是他具有坚忍不拔的毅力，吃大苦耐大劳的优秀品质，心地善良、心胸宽广、一贯关心他人的高尚人格，刻苦勤奋、顽强拼搏、不断攀登的进取精神。他性格直率，平时爱笑，话语不多，感情细腻，知恩图报，是个性情中人。聂海胜从小生活很苦，从小学到初中，多年赤脚跑步上学已成习惯，直到上高中的时候他仍经历着一般人承受不了的艰苦，但他从未想过退却。他的很多同学和老师们说，聂海胜的美丽人生，是他打着一双赤脚一步一步跑出来的。他后来参军到部队，当飞行员、当宇航员、到大城市生活，他的家乡也发生了巨大变化，特别是他成了航天英雄之后，谦虚随和，没有架子，容易让人接近，亲和力强，人缘好，毫不走样地保持了他原有的优秀品质，使许许多多的人发自内心地崇拜他、佩服他。

聂海胜的童年伙伴进入初中的很多，但能把初中读完进入高中的并不多，考入枣阳一中的则更少。聂海胜是在枣阳一中读完高中的，同年级同学 500 多人，报名参加"招飞"应试的 300 多人，只有聂海胜等 7 人录取。聂海胜在中国人民解放军某航空学院时，同学中第一个飞上天的是他，第一个放单飞的还是他。神舟五号飞船最初选定的 14 名航天员，是从 3000 名国家一级飞行员中挑选出来的，杨利伟、翟志刚、聂海胜 3 人，是层层筛选出的首飞航天员梯队。神舟六号飞船是我国的首次多人长时间航天飞行，聂海胜和费俊龙密切配合圆满完成了太空飞行任务。

志高则品高，品高则坚韧。聂海胜一次次成功、一步步登高的秘诀，聂海胜之所以成为聂海胜，读完航天英雄聂海胜青少年时期的故事之后，相信你会得到一个满意的答案。

相约不言败

临近高中毕业，5月份的一天晚上，聂海胜的同班同学周越颖约他出来走走。

月色微明，星星稀稀拉拉的。

他俩走到学校大操场边的一块麦地旁，心事重重的周越颖，长叹了一声后对聂海胜说：“我想出家当和尚，已想很久了，我决定到嵩山少林寺去。我俩是好朋友，走之前给你说一声。”

闻听此言，聂海胜大吃一惊。

他转过身，双手抓住周越颖的双肩说：“你疯了！你怎么会有这样的想法呢？你突然出走，学校的老师多着急呀！你家里多着急呀！你爹妈找不到你还不哭死了呀！”

周越颖把他肚子里的想法，一下子向他的好朋友聂海胜倒了出来：“我的成绩在班里很一般，考学肯定是没指望，就我家的背景，回去别说是招干招工，就是想到部队当个兵，恐怕都没有希望。”

聂海胜用力推了他一掌，又急忙上去拉住他的双手：“咋也没想到！周越颖你怎么这样糊涂呢？你我都是枣阳一中的高中学生，马上就要毕业了，你不看到眼前的光明，不找准脚下的路，为什么光往灰暗处想呢？你说过你们村就你一个在枣阳一中上高中的，整个管理区也才两个，你初中的同学有多少人在羡慕你呀？你村里的乡亲们又有多少人在对你抱着希望呀？希望你给村里的小弟弟小妹妹们带个头。你要是真的就这样走了，你将来还有脸回你的家乡吗？

还有脸见你的乡亲们吗？你对得起把你养活这么大的父母吗？”

周越颖低着头不吭声。

聂海胜很激动，停了停又接着说：“假如你当了和尚还不如意，你又该咋办呢？生活的道路上阳光和阴雨总是结伴而来，面对阳光我们笑逐颜开，面对阴雨我们为什么不勇往直前呢？遇到点阴雨你就退却了，要是遇到了狂风巨浪呢？你目前只是学习成绩不够理想，并不是无路可走，最起码你家里经济条件要比我家好得多。你知不知道我星期天经常在外打工，只要能找到活，再苦再累我也要去干。我要自己给自己创造最起码的学习条件，自己解决自己的学费和衣食问题。我很多次感觉到了生活的压力，有时候几乎压得我透不过气来，怎么办？唯一的出路就是勇敢地面对生活。如果一步步退却，最后退到哪呢？在我们那个地方，像我家那个情况，如果自己失去了信心，自暴自弃，很有可能将来连个媳妇都娶不到。”

稍顿，聂海胜接着说：“为什么我的臂力和腕力比较强，在我们班里掰手腕金邦才能够战胜很多同学，可他就是掰不过我呢？因为从很早的时候我在家里挑水，都是用双手像少林寺的和尚那样拎。金邦才打柴，劈树蔸，只是秋冬天的事，可我拎水那是天天都要拎的呀！我那时候，挑水不用钩担而用手拎，并没有想到要练臂力练腕力，将来掰手腕战胜金邦才，在班里夺第一。而是那个时候我家里穷呀！穷得连个钩担都没有呀！比起我来你应该知足了，你家里的经济条件比我家不知好到哪去了，你应该放弃一切杂念，把心思全部用到学习上。”

聂海胜从没像今天这样，一口气说出这么多的话，可他仍感言犹未尽，继续对周越颖说道：“逃避生活是最愚蠢的选择，高中学生不应该选择愚蠢。我们是枣阳一中的高中学生，我们应该向人生挑战，与命运抗争。对自己充满信心，对未来充满信心。只要咬紧牙关，就没有迈不过去的坎。”

聂海胜当时，一边上学一边利用星期天和节假日外出打工挣钱的事，他只告诉了班主任老师赵天智一人。同学中众多的好朋友他谁也没说，时间长了大家还是多少知道了一些，但他亲口告诉的第一位同学，也是唯一的一位同学，就是周越颖。

不知啥时间，夜幕下的两个高中生，已是泪流满面了。

时间有些晚了，夜风里透着丝丝凉气。他俩往回走的时候，周越颖有所醒悟地说：“看来是我错了。”

“你完全错了。”聂海胜抓住机会开始鼓励他，“你眼下的成绩，在班里虽然是中等，但发展趋势很好，初中的基础很扎实，复读一年，一定能取得理想的成绩。即便考不上大学，生活的道路也是千万条，就是回到农村你也是一个高中生农民。一个高中生农民，只要不失志，在广阔的农村天地里，也仍然可以大有作为。”

进寝室之前，聂海胜心里总不太踏实，他害怕睡一觉起床后，早上见不到周越颖了。他拦在周越颖面前，一双锐利的目光直刺着他，那意思再明白不过地告诉他，你必须给我一个回话，你必须向我保证。同窗两年的好朋友，互相都十分了解。周越颖明白，他如果不向聂海胜明确表态，很有可能他今晚就要在那站一夜。

俗话说，只要人心诚，就是石头也能开出花来。面对老同学对自己的一腔热忱，周越颖咋不感动呢？他抹掉眼角的泪水，坚定地对聂海胜说：“海胜，你的话我听明白了，也都记住了，今后你就看我的行动吧！”看来，严厉的批评，也充满了对同学的关爱。

两双有力的手，紧紧地握到了一起。两个 18 岁的热血男儿，此时的心，像起伏的潮水一样汹涌澎湃。那天晚上，两人手拉手约定：“在今后漫长的人生道路上，勇往直前，百折不回，永不言败。”

透过室内射出的光亮，两位高中生四目相望，两双炯炯有神的眼睛，闪射着希冀的光芒。

后来，在聂海胜、连金立、刘为众三个同学考取飞行员，进入了航空学院不久，聂海胜他们班的史天东、钟爱军、李秉锋、杜宏、金邦才等同学考取了大学。原准备出家当和尚的周越颖，坚定地选择了复读，留校继续学习。

聂海胜参军离校前夕，与周越颖又进行了一次倾心长谈。聂海胜走后，周越颖在心里暗暗树立起一定要考上大学的目标。新学期开始，周越颖像一只鼓满了风的帆船，向着胜利的彼岸快速冲去。三个月后，他被调到全校唯一的尖子班。聂海胜在信中对他说："你定多高的目标，就可能会实现多高的目标。只要你的目标定得现实，目标的背后是坚定的信心和顽强的拼搏，你就会自觉或不自觉地向你的目标靠近。如果你把自己的理想与祖国的需要和人民的利益联系起来，你就会感到有一股巨大的力量一直在身后推动着自己。"

生活像是有意要考验周越颖似的，这一年高考揭晓，录取分数线是426，周越颖考了424，以2分之差名落孙山。没等聂海胜来信鼓励他，他主动去信对聂海胜说了自己的决定，继续留校复读，明年再考。

第二年，离高考还有两个月时间的时候，正在冲刺的周越颖得上了倒霉的肺病。病来得很猛，一开始就大口大口地咳血，不得不住进了医院。如果说，上次"两分之差"，是生活给周越颖开了个小玩笑的话，那么，这次的玩笑就开得有点大了。周越颖怎么也没想到，他这一病就是三年。生活对周越颖有点不太公平，甚至有点残酷无情，他还能顶得住吗？

三年病好后，他歪歪扭扭地又躺了几个月。他不愿说话，不愿出门，大部分的时间躺在屋里发呆。过去，他每次收到聂海胜的来信都及时回，最后连收到聂海胜的三封信，他都没有回。但老同学信中的内容，他都印在了自己的大脑里。

聂海胜在最后的一封信中，反复对他说："你要站起来，你要站起来，你一定要站起来！人只要活下来就有希望，男子汉只要坚定地站起来，就会有光辉灿烂的明天。"

一天晚上，他又一次看了聂海胜的来信，他把信瓤撕扯得粉碎，一把塞到嘴里，牙一咬一口吞到肚子里了。他没有顾及当时的时间，也可能他根本就把时间给忘了，他站在自家的房头，面向远方的大山，高喊了一声："聂海胜——我站起来啦——"

周越颖终于站起来了。站起来的周越颖，当了一段时间的农民后，在与聂海胜分别的第 6 个年头，带上他高中的全部书籍和笔记本，来到枣阳三建公司当上了一名敲打钢筋的钢筋工。有的钢筋头在别人手里很硬，但在周越颖手里啥钢筋头都硬不起来。他在心里头对他手里的钢筋说：“老子叫你硬，老子需要个啥样叫你敲打成个啥样，你硬老子比你更硬。”

这时的周越颖身体很强壮。改革开放后富裕起来的周家，像枣阳的其他千家万户一样，家里想吃啥有啥。家乡的老母鸡、土鸡蛋、腊肉、猪蹄子、牛腿、羊肚，无污染水库、水塘里的鱼，水汪汪的各类新鲜蔬菜，白生生的藕，甜滋滋的大小瓜果，生病的这几年他吃得很多，加上甜丝丝的枣阳空气和养人的水土，把他滋润得像头牛。

按说，他这时应该给聂海胜写封信。可他没写，他要用人生的坚实脚步作笔，用大地作纸给聂海胜写一封很长很长的回信。

敲打完一天的钢筋，他业余生活就是一件事——学习。中午从不睡觉的他，晚上还能坐那不动，一气学三至四个小时。由高中学生变成成年人的周越颖，1988 年参加成人教育高考，满分 500 分，他考了 450 分。很快，他收到重庆建工学院的录取通知书。按这一年的录取标准，以他的这个分数，他可以有选择地上他想上的大学，但他没听朋友们的劝阻，毅然选择了人们都感觉最难的电大。脱产入校在襄樊电大学了 3 年的工业民用建筑，1991 年以优异成绩第一批毕业后，先在公司担任技术科长，后调市建委培训中心当老师，再后来到中铁十一局武汉项目部从事技术工作。从 2005 年 8 月至今，担任国家土地开发整理项目枣阳市七方工地和京山县罗店工地两个工地的项目部负责人和工程总监。

2006 年 2 月的一天晚上，分别 23 年头一回在家乡相聚的周越颖和聂海胜，见面后彼此注视了很久，微笑了很久，聂海胜先开口对周越颖说：“这么多年没见面也听不到你的准确消息，我还真怀疑你是不是到那去了。”周越颖回答他说：“你放心不会的，你当初告诉我的话和你后来写给我的信，我都记在了心中。我们那晚的约定，像一盏永不熄灭的灯，一直点亮在我的心头。这些年，我天天在大地上忙着给你写回信。”

他俩的话，在场的同学大都没完全听懂。李秉锋、金邦才、史天东、张文旭、刘为众等同学，大家呼喊着要叫周总给同学英雄碰一杯。周越颖激动地说：“敬一杯，敬一杯，这杯酒我一定要敬。”

一直以水代酒的聂海胜，端起酒杯破例斟上湖北名酒“白云边”，同周越颖连干了3个满杯。“没想到，‘白云边’这么好喝。”海胜无意中的一句话，引起了同学们的共鸣，大家呼喊着要叫他们再碰3个，干脆来了“六六顺”。正在兴头上的周越颖，为了表示自己的诚意，又主动连干了3杯，聂海胜不得不又干了3个满杯。

这是久别后的重逢,这是胜利中的互祝。

闪光的团徽

1983年5月的一个星期天,聂海胜和同学肖居成、周越颖、李军四人,相约来到了位于枣阳城大东街的照相馆照了一张合影。这个时间,既是聂海胜高中学习生活即将结束,又是聂海胜入伍参军的前夕。

照片取出来后,同学们发现聂海胜在照这张合影相时,胸前戴着校徽,校徽的上方正中,是闪闪发光的团徽。

照片在同学们手中传看时,好多同学惊呼起来:“我的校徽呢?”“我的团徽呢?”

同学们学习紧张辛苦,住读条件较差又几次搬家,学校对戴校徽、团徽也无明文规定,同学们暂时找不到自己的校徽、团徽也很正常。

聂海胜上初中时,是年级同学中第一批入团的,从入团的那一天起,他就把自己的团徽和小时候在部队当连长的本家大哥送给自己的五角星、红领章,放在一起珍藏了起来。到孙寨中学,到杨垱大公社中学,到枣阳一中……在人生的道路上,他一步一步越走越远,越走越坚定。但不管走到哪儿,他都把珍藏着团徽等宝物的小包包带在自己的身边。经常把团徽和红五星拿出来看看,每看一遍对自己都是一次鞭策和鼓舞,面对团旗举手宣誓的那一幕,经常出现在他的眼前。团旗下自己发出的誓言,也经常在他耳边回想。他时时刻刻都牢记着,自己是一名光荣的中国共产主义青年团团员。

这是一个星期天的上午,去火车站打工扑空回来的聂海胜,从大哥家带了一袋子橘子到学校。鄂北枣阳的乡村，有很多的桃子、苹果和梨子等水果，但没有橘子。在大哥家，海胜先尝了一个，橘子的甜，和桃子、苹果的甜是不一样的，像蜜一样甜的橘子，还略带一点纯正的酸味，吃起来满口生津滋润心肺，还感觉有些提神，原来橘子是这么好吃。同学们是不是也没吃过呢？回到学校他把一袋子橘子全分给在场的同学们吃了。他对人是如此慷慨。

头回吃到橘子的史天东、张文旭、胡华忠、王志向、肖居成、周越颖和李军等十好几个同学，有的边吃海胜的橘子，边想起初中快毕业时吃海胜压缩饼干的事。

压缩饼干也是海胜大哥送给他家的，那天海胜回家，妈妈给他拿出了压缩饼干，压缩饼干又香又甜，吃了很耐饿。海胜待人一百个诚，到杨垱大公社中学不久，就像在孙寨中学一样，很快和很多同学成了好朋友。遇到好处，他马上想到同学们。临走时他对妈妈说出了，想把饼干带到学校让同学们也尝一尝的想法。妈妈知道娃们上学辛苦，就让他把一盒子压缩饼干全带到学校了。可有几个同学没吃到，他们找海胜时，海胜很着急。怎么办呢？不知大哥家还有没有。于是，他又跑回家一趟，找到大哥时，大哥拿出了仅剩的半盒全给他了。这一下好了，同学们都可以吃到了，海胜高兴地跑回了学校。

一个星期六的下午，下课很早，聂海胜和八九个同学一起，拿着书本来到了学校后面顺城村的一个稻场上。一阵微风拂面，吹来稻花的清香，沁人心脾。同学们或躺或坐，有的在读书，有的在谈心，有的仰望蓝天憧憬着美好的未来。

突然，专心读书的聂海胜猛地站了起来。原来，他听到了空中飞机的声音。飞机一瞬间就飞得没影了，海胜还久久地站在那看。直到确信飞机不会飞转来了，他才对在场的同学们说：“不知道我将来能不能考上飞行员？”同学们都知道他的性格，加上他人缘好，在场的没一人敲他的破锣，但一时也找不出合适的话来鼓励他。只听他又接着说：“只要有一线希望，我都会尽最大努力的。”

同学们看书看累了，太阳也快落山了，大家沿着一个水渠朝学校的方向往回走。水渠中间有一根十二三米长的水泥管道横跨公路，距地面有五六米高，有几个胆大的同学想从水泥管道上走过去。只见那几个同学,有的向前走了两米多,就顶不住了只好又转身回来。有的向前慢慢走了两三米后不敢再走了,只好匍匐前进慢慢爬行过去了。只有聂海胜一人,伸开两臂做平衡棒,很轻松地连走带跑着快速过去了,赢得了同学们的齐声喝彩。史天东看他平衡机能这么强,走向前对他说:“你将来要是开飞机了,肯定开得又快又稳。”聂海胜最爱听这话,面对着同学们他很开心地笑了。

一天中午,同学们都在排队买饭。不知哪个班的一个男生,跑上去就“卡”在了几个女同学的前面。那几个女同学敢怒而不敢言,其他同学们也都很有意见。这时,只见聂海胜径直走到那位同学面前,很友好地劝他到后面按顺序排队。那位男生不仅连头都不动一下竟还出口伤人,骂聂海胜是狗拿耗子多管闲事。海胜火了,伸出右手把那位男生紧紧地“抱”出了队伍。那个同学抬头看时,原来“抱”他的是学校的运动健将聂海胜,他很知趣,转过身跑得没影了。当时,同学们在哄然大笑的同时,都向聂海胜投去了钦佩的目光。海胜转过身准备离去时,才看到那几个女同学是他们班的高玉改、杜宏、任青和张寒等。

每次学校进行内务卫生检查评比时,聂海胜都主动地帮助生活委员金邦才,督促同学们把各自的内务卫生整理好。对有的同学没有叠好的被子,他动作麻利地挨个重叠一遍。有几个同学铺面上总是乱七八糟,他都一个一个帮助他们收拾顺当。他把集体的荣誉看得很重,就是一个脸盆、一双鞋子没放好,他也要动手摆放整齐。内务卫生检查评比结果,他们班总是第一,年级流动红旗一直挂在他们班的宿舍里。流动红旗,成了不动的红旗。

聂海胜集体荣誉感强,荣辱分明,意志坚定,品格高尚,认准的事情决不动摇,学习、工作和体育等多方面,始终走在同学们前面。

团徽,是青春和理想的见证。看到这张照片后,同学们都明白了。原来,聂海胜除了有一颗火热的心外,他心里还有一颗闪光的团徽。

接触聂海胜的乡邻、同学和老师越来越多,笔者的心越来越感慨。

过去多年从事业余新闻宣传工作，从军内写到军外，从青年写到中年，以消息和通讯的形式，采写宣传过不少先进典型。这些作品大都发表在《解放军报》、原武汉军区《战斗报》、《湖北日报》和《党员生活》等报刊上，虽然报道的那些先进典型事迹翔实生动感人，但总有人半开玩笑半认真地问我："真有那么好吗？"先进典型，"墙内开花墙外香"的现象时常存在，我曾为此困惑。

在采写聂海胜青少年时期的故事时，随着采写的深入，我越来越强烈地感受到，聂海胜在墙外香的同时在墙内更香。从枣阳走出的人们，如果对人说我是枣阳人，说半天人家不知哪跟哪。如果一提航天英雄聂海胜，人家很快都明白了，并且双方的距离会一下子拉近。枣阳接待外来的客商，只要介绍这里是航天英雄聂海胜的故乡，当即就会引起共鸣。聂海胜成了家乡的光荣与骄傲，也成了家乡枣阳市的一张响当当的名片。

在家乡出现聂海胜热，出现聂海胜效应，仅仅是因为聂海胜成了航天英雄、成了"感动中国"的新闻人物吗？我认为不完全是这样的。聂海胜成了航天英雄，在北京人民大会堂受到胡锦涛总书记的接见时，聂海胜的母亲躺在病床上不能说话；他的二姐和妹妹两家举家在外打工，为了节省几个旅途钱连春节都是在他乡度过的；聂海胜的小弟 28 岁了还是光棍一个。聂海胜没向组织和当地政府提任何要求。当地政府根据家乡人民群众的愿望、经上级政府批准将他童年就读的学校更名为"海胜小学"时，他坚决不同意。社会各界看他家困难，自发地向他家捐款捐物，聂海胜一分不收一件不要。

这些，使家乡各级领导和家乡人民群众，看到了聂海胜有一颗金子般的心和博大的胸怀。家乡人民群众，从内心里关心他、爱护他、敬重他。

光荣参军

聂海胜高中快毕业的时候,解放军空军部队的招飞工作在学校开始了。

能当一名飞行员,驾驶飞机飞上祖国的蓝天,是聂海胜早有的理想。得到消息,他立即报了名,经过体检、文化考试、政审等层层的选拔和严格的筛选,聂海胜终于如愿以偿,他和同班的连金立、刘为众,还有学校的另外四位同学一起,得到了入伍录取通知。

这时,学校安排他们休息一段时间,做好入伍的准备。班主任老师赵天智,找到他们三人特意叮嘱说:"在走之前的这段时间里,你们一定要特别注意保护好身体,千万不要摔着了碰着了,什么也不要干,好好休息就行了。"

当大家忙着与同学话别、走亲访友时,聂海胜想到的是,回去帮妈妈收割麦子。

海胜从很小的时候,就开始下地参加劳动,父亲病故后,每年农忙时节他是妈妈最好的帮手。见到妈妈,海胜将自己考上飞行员已得到入伍通知的事告诉了老人。并对妈妈说:"这事只大哥和您知道,就不要在村里说了。"

妈妈为儿子感到高兴,老人在抹去喜泪的同时,使劲点了点头。老人家最了解海胜,知道自己的儿子不喜欢张扬,只喜欢不声不响地干活。

这天晚上,海胜先来到小爹家。一见面他看着小爹笑,小爹见他高兴也看着他笑。当海胜从身上摸出一包"襄阳"牌香烟送给小爹时,小爹不理解了:"嗯!看你这娃,咋给我买这么好的烟呢?"小爹急忙拿出钱要给他时,被海胜拦住了:

“小爹，不用您拿钱了，我快高中毕业，已不需要再用钱了。”说完，转身一阵风似地小跑着走了。

海胜从大娘家出来后，慢慢在村里转了一圈。童年一起长大的几个伙伴、云杰小爹、前后邻居家，他都去走了走，坐了坐。

麦子已经黄梢了，家家都在做开镰的准备。

这一年的麦子长得特别好。“枣阳出麦浪，一浪高一浪。麦子堆成山，年年浪打浪”。枣阳又迎来了一个丰收年。想到自己这一走，不知啥时候能回来，今后农忙的时候再也不能像过去一样帮妈妈了。于是，海胜决定今年家里的麦子，他一个人来收割，让妈妈好好歇一年。

参军前夕，聂海胜和班主任老师赵天智，一起参军入伍的同学连金立、刘为众合影。后排中为聂海胜

开始妈妈坚决不同意，六七亩麦子怎能让儿子一人割呢？可妈妈拗不过儿子，儿子说得句句有理，妈妈理解儿子的一片孝心，不得不点头同意了。

老人家在心里说，多好的儿子呀！聂妈妈为有这样的儿子感到自豪和骄傲，老人家又一次流出了喜泪。

即将远行的人，对自己的家乡总是特别的眷恋。这次回家的海胜，好站在远距离的位置看自己的村子，看周围的村子，看眼前的这片热土。他登上一个高处，他想看远一点，他想看多一点……

枣西北一望无际的杨垱大地，沉甸甸的麦穗，都谦虚、羞涩地微低着头。南风吹来,麦浪起伏,金光灿灿,波涛滚滚,风里面带着清新带着幽香。

近处的麦地边,传来乡亲们“哈哈哈”的敞怀大笑。有的说一亩可收个五六百,有的说一亩准拿六百……

笑声是那样的舒心、爽朗、豪放,洋溢着勤劳的庄稼人丰收的喜悦。

“蚕老一时,麦熟一晌”。小爹告诉海胜,明天可以收割了。

第二天,东方刚刚露白,启明星还在天上眨眼的时候,聂海胜手拿着镰刀,带着一壶水,第一个下地了。

他在自家的责任田里,弯着腰开始收割起来。他手里的镰刀飞舞得很快,只听嚓……嚓……当乡亲们都开始下地时,他已收割两垄了。

天亮了,妈妈带着妹妹和弟弟来了,给海胜送来了韭菜合子、煮鸡蛋、米酒、大白桃和黄瓜,全是海胜喜欢吃的东西。

妈妈拿起镰刀,要帮海胜割一会儿,被海胜坚决地拦住了。他同意让妹妹和弟弟留下来给他帮忙,此时 14 岁的妹妹和 7 岁的弟弟,给他帮不上什么忙,海胜也只是让他们干一些拢麦和捡麦的活。海胜之所以要让妹妹和弟弟留下来干活,是要让他们从小体验劳动的艰辛,养成劳动的习惯,今后能够自己走好自己的人生路。

一连几天,海胜像疯了似地拼命干活。海胜的入伍通知书下发到村里,消息在村里传开,乡亲们明白了海胜的心思。海胜的大爹小爹和乡亲们都过来给他帮忙了,老强、老玉、金平、金贵和樊华忠等海胜童年的伙伴,也过来给他帮忙了。乡亲们的心意海胜也明白了。乡亲们在用行动告诉他,你今后就不用担心家里了,为了祖国你放心地飞吧!

收麦子的这七八天,海胜干得太猛了。如果说别人收麦子用的是体力和汗水的话,海胜收麦子在用体力和汗水的同时,他把对家乡、对母亲的一腔深情全部倾注到了土地上,完全达到了忘我的程度。他明显变瘦了变黑了,可他自己一点没感觉到。

聂海胜回到学校时,老同学刘为众冲他发火了:“聂海胜,你咋搞的!你自己看看你还像不像你,我都快不敢认你了。赵老师交代的话你忘了吗？”

当刘为众知道了聂海胜家的情况,知道了聂海胜这些天一直在家收割麦子时,又拉住聂海胜手说:“海胜,对不起,我不该对你发火。”

要与海胜分别了,同学们都围着他诉说心里话。听说海胜要去很远的东北,史天东拿出自己身上仅有的10斤全国通用粮票要送给海胜,海胜不肯收。在场的同学们都不答应,一定要叫海胜收下。张文旭对海胜说:“你这一走,不知道我们老同学们啥时候才能见面,你带上全国粮票,万一饿了,你在哪儿都可以买碗面条吃呀！”

看大家不依不饶,聂海胜决定收下史天东的10斤全国通用粮票,但前提是史天东必须收下他的10斤湖北省通用粮票。

班里的欢送会开得很简单。班主任老师赵天智先讲了一番话后,连金立代表三位应征入伍的同学发了个言。当胸前戴着大红花的聂海胜,微笑着站起向同学们还礼时,教室里的掌声不仅没有息反而更响了。

在星光灿烂的银河里,闪亮的星星有无数颗。人们看到最亮的那一颗,就是离自己最近的一颗。聂海胜离他的同学们最近,在即将高中毕业的枣阳一中高二(3)班同学们的眼中,他就是一颗亮闪闪的明星。如果说高中才开始的时候,同学们只是发现他是运动场上的明星的话,那么随着高中生活的向前推进,同学们慢慢发现,他不仅是运动场上的明星,他还是刻苦学习的明星,关心集体的明星,助人为乐的明星,热爱劳动的明星,克服困难的明星,尊师敬老的明星,爱国拥军的明星。

1983年6月的一天,当聂海胜登上车挥手向他的学校、他的老师和同学们告别的时候,班里的同学们都在心里祝福他。祝福他这位班里的大明星,今后能够越来越亮。

22年后的2005年10月17日凌晨,在内蒙古四子王旗阿木古郎牧区。当聂海胜和他的战友费俊龙,驾神舟六号宇宙飞船,畅游太空五天五夜胜利完成任务,从返回舱安全出来时,在电视机前守候一夜的他的同学和乡亲们,很多人止不住热泪盈眶。

2005 年 11 月 25 日上午，中共中央、国务院、中央军委在人民大会堂举行庆功大会。中共中央总书记、国家主席、中央军委主席胡锦涛，亲手为聂海胜佩戴了“航天功勋奖章”，向聂海胜颁发了“英雄航天员”荣誉证书。

聂海胜亮到了首都北京，亮到了太空。从湖北省枣阳市偏僻农村走出的农村娃把自己普通而又响亮的名字“聂——海——胜”永久地镌刻在了苍穹。同时，聂海胜把中华民族的自信和骄傲挂上了九天，把中华民族的深情和祝福播撒在了五洋。

聂海胜不仅为家乡、为乡亲们争了光，更为我们伟大的祖国争了光。

初稿于 2006 年 4 月 16 日

定稿于 2006 年 6 月 15 日

修改于 2006 年 12 月 9 日

再改于 2013 年 4 月 30 日

启示篇

生活的道路上阳光和阴雨总是结伴而来。面对阳光我们笑逐颜开，面对阴雨我们为什么不勇往直前呢？我很多次感觉到了生活的压力，有时候几乎压得我透不过气来，怎么办？唯一的出路就是勇敢地面对生活。

——聂海胜

解读聂海胜　感悟荣辱观

——一次没见到本人的采写

2006年2月初开始到4月16日初稿完成，我采写航天英雄聂海胜青少年时期的故事，是一次没见到主人公聂海胜本人的采写。聂海胜青少年时期的经历很典型，一连串的故事生动感人。采写的过程，既是我向聂海胜学习的一次极好机会，也使我的心灵受到了一次洗礼和震撼。我抱着学习、求知、经受锻炼、得到提高的心态，来采写创作这一作品。用满腔的热情，和采写过程中得到的激情与力量，来完成组织交给的这一光荣任务。

和很多文学爱好者一样，我业余时间喜爱文学创作也是从写新闻报道稿开始起步的。从开始写“火柴盒”、“豆腐块”起，经很多前辈的言传身教，就知道采访的重要。很多老师和前辈当初告诉我的，“七分采访三分写作”、“脚板底下出文章”、“多听多看不轻信”等真知灼见，我至今铭记于心。从一开始我就下决心，既要写出一个生动感人的聂海胜，更要写出一个客观真实的聂海胜。我牢牢把握住生命中的这次感动，我要求自己要写革命书首先要做革命人，要用海胜的精神写海胜。要深入扎实在采访上下功夫，要写出一本既经得起时间和历史检验，又具有教育意义、能激奋民族精神的好作品。

我开始的这一写作指导思想和后来完成的作品，最终得到了海胜的乡邻、亲朋、童年伙伴以及他从小学到高中的同学和老师们的认可。向我提供素材的达160多人次，他们审阅作品后对作品给予充分肯定并在作品上签名留言。作品完成,及时得到了有关领导和作家、当地的党报《襄樊日报》和国家知名出版社中国青年出版社的认可和支持。能取得这一初步成果,对我这个眼不高、手却很低的业余作者来说,我的体会是一个字——“真”。聂海胜是我们身边的一个从异常艰苦的农家走出的高科技英雄典型,反映聂海胜必须要真,要做到百分之百的真。只有真才能产生美,美的本身就是真,若失去了真,美也就随之失去了。一个人名或地名,一个数字或结果若失去了真,读者就会怀疑通篇的内容,只有写出了真,才能写出丰富多彩、生动感人、具有鲜明个性的聂海胜。

一

聂海胜和他的战友费俊龙驾“神六”飞上太空以后,整个枣阳沸腾了,无数的人日夜守在电视机前看“我们的海胜”。这无数的人中,作者和大家一样,天天在祝福海胜和他的战友圆满完成任务,顺利平安归来。

这期间,枣阳城和杨垱镇来了很多的记者,有首都北京的,有省城武汉的,有上海、天津、重庆、广东的,有香港和澳门的……新闻媒体上出现的很多聂海胜的报道,有关他青少年时期的报道很少,在为数不多的几篇报道中,像“海胜上学走山路”在当地当时成为笑谈。海胜的家乡枣阳,枣东南是丘陵和山区,枣西北是岗地和平原,海胜的出生地位于枣西北的杨垱聂庄和他青少年时期生活的地方,方圆几十公里没有山。他上学放学都不可能走山路,显然这篇文章的作者未深入现场,文章是凭想当然杜撰的。和很多读者一样看到一篇假报道,我就怀疑其他报道是不是也有水分。对另外两篇报道,海胜上小学的时候逮了一条30多斤重的鱼送给老师吃,和他上小学的时候就有“数学王”的绰号,我也半信半疑。作为枣阳人我了解,在枣北的小堰小塘里,怎么会有30多斤重的鱼呢?即便是有,一个小学生赤手空拳能抓得住吗?后经我多方调查了解证实,他上小学的时候就有“数学王”的绰号完全真实。他逮了一条大鱼送给老师吃确有其事,但那条鱼不是30多斤重,而是5斤多重。鱼不是送给徐老师了,而是送给程老师了。逮鱼的时间不是上小学的时候,而是上初中的时候。

我当时虽然和海胜不认识也未见过面,但相近的年龄、相同的青少年时期的生活经历,同一所学校(枣阳一中)高中毕业教过我的老师后来又教他,都有过当兵的激情岁月,一闭眼我就能想象得出海胜小时候和长大以后,当兵前和当兵以后的生活是个什么样子。

我们的青少年时期,后来的史书把那一段历史称之为“十年文革”、“极左的年代”、“动乱时期”,生活普遍很苦。雨天没有雨具赤脚跑步上学习以为常,在沙石篮球场上赤脚连续打几个小时的篮球是普遍现象。我们的脚那时磨出来了,穿鞋和不穿鞋没有多少区别。出生于农家的我是这样,同班的县委书记的儿子、法院院长的儿子也是这样。我家在书院街的东园桥头,距县城只隔一条河,距枣阳一中只有里把路。而海胜的家40年前是枣阳最为贫困的地方,他家距枣阳一中40多公里远,加上他兄弟姊妹多,父亲去世早,可想而知海胜的青少年时期比我们更苦。

聂海胜异常艰苦的青少年时期,恰是他人生的重要一笔。没有这一段命运,很有可能聂海胜就没有那么多的优秀品质,很有可能就没有后来的航天英雄聂海胜,即便有也不一定有后来的聂海胜个性鲜明。透过聂海胜的童年,展现在我们面前的是一个广泛的社会生活方面的问题。现在的青少年朋友们,基本都是独生子女,大都生活在十分优越的环境里,但人生漫长的路上,不可能是一帆风顺的,挫折和逆境有可能会随时来到你的身边。当遇到挫折和逆境时,能像聂海胜那样从容对待、顽强坚定吗?

见贤思齐。聂海胜成为航天英雄后,我是深入采写聂海胜青少年时期故事的人,也是立志终身向聂海胜学习的人。我完成的《聂海胜青少年时期的故事》,是最早反映聂海胜青少年时期的文学作品。高中时期的我也有理想,作为班长学习成绩在班里还算可以。当兵十年我也有追求,没有机会走上战场参加战斗也三次荣立三等功。靠军队的培养和个人努力考入军校,当排长刚一个月就调到师里当新闻干事,在师机关是最为勤奋的几个年轻干部之一。凭执著和一股韧劲，在直线加方块的军营里，从在连队当战士开始，我坚持采访坚持写稿，以此为乐以此为荣。十年时间，在《解放军报》、《中国青年报》、原武汉军区《战斗报》、《湖北日报》、《河南日报》、《八小时以外》、《人民炮兵》、《北方文学》以及中央人民广播电台、湖北人民广播电台、河南人民广播电台等省级以上报刊电台上，发表新闻作品300多篇，文学作品20多篇，这是18岁至28岁时候的事。如果能像聂海胜那样在积极进取的道路上持之以恒坚持不懈，或许能取得更好的成绩。为什么正是干工作干事业的时候却止步不前了呢？不否认，每个人的一生都有外动力和外阻力的作用，但最终的成败还是取决于自己。我当时对海胜了解不多但理解很多，我坚信海胜经长期困苦的磨砺，从异常艰苦的农家走出，他总能抓住机遇，他总能获得成功，他总是走在前面，他一步步越走越高，最终飞到了太空。在他成功的背后一定有一串生动的故事，把这串故事挖掘出来，肯定是一笔宝贵的教育资源，有益于海胜的下一代，也有益于海胜的同龄人。

对英模的宣传报道是一件严肃慎重的事情，来不得半点的虚假和夸大。在宣传报道海胜时一定要真实准确客观。所以，我对宣传海胜的报道，一开始就出现的个别失实非常担心，忍不住在心里对这些报道的作者说："朋友，你写出的虚假报道和有水分的报道，可能是因为道听途说和时间紧张造成的，也可能有其他的什么因素。不知你想过没有，一篇假报道和有水分的报道，它将给英雄的光辉形象带来很不好的影响。生活中常出现的英雄模范'墙内开花墙外香'的现象，是不是因为我们的宣传报道不实和有意拔高造成的呢？"很多事例证明，只要是真英雄他一定有大量生动感人的材料，只要采访深入扎实，这些材料一定会被发掘出来。果然，经过两个多月的努力，我采写出了40多个聂海胜青少年时期的故事，经过筛选着重写出了30多个。作品初稿完成，送给向我提供素材的人审阅时，又了解到一些聂海胜的故事，我从中又选写了6个。

事实上，采写英雄根本不需要夸张，他们的原始行动本来就是很"夸张"的。我们需要的是对英雄充分的理解，把握住他们的精神实质，客观真实地把他们的言行记录下来就够了。就拿聂海胜来说，他逮一条5斤重的鱼送给老师吃，

出征前的聂海胜

和他逮一条 30 斤重的鱼送给老师吃，宣传效果完全是一样的。作为一个初中的学生，他就是逮条 1 斤重的鱼送给老师吃，也是十分生动感人的。从这时开始，我就萌生了采写聂海胜青少年时期故事的想法。决心要写出一个既生动感人又客观真实的聂海胜，奉献给广大的读者。我想等聂海胜热过去以后，冷静地专心地，把聂海胜青少年时期的故事写好。让广大读者，特别是青少年朋友，能够客观地认识和了解聂海胜的青少年时期，从中得到一些启迪，明白青少年时期的艰苦努力，是人生成功的基石，自觉走聂海胜成长的道路。聂海胜成为航天英雄，成为感动中国的新闻人物，是必然的而不是偶然的，即便说有一些偶然性的话，这种偶然也是在必然之中。

二

2005年10月16日，聂海胜和他的战友从太空回来的前夜，海胜家乡无数的人整夜无眠，乡亲们在等海胜和他的战友从太空胜利凯旋。

这天晚上我在街上转了一圈后，决定去杨垱家乡欢迎聂海胜凯旋的主会场看一看。当我回家拿衣服和水杯时，在市委大院门口碰到刚从工作岗位上退下来的宣传部副部长何新传，何部长提出要陪同我一起去。车刚进入杨垱东街口就被越来越多的人堵住了，司机小李对我说："没想到有这么多的人，车再不能往前开了。"我们只好弃车步行，大街小巷人们都把电视机搬到了家门口和街边上，越往里走人越多，海胜新家所在的杨垱北街人山人海，附近楼房的窗口上、阳台上、楼顶上到处都站满了人。我们一步一挪，慢慢挤到了海胜家斜对面的信用社前面，在一块水泥预制板上坐了一夜。凌晨，当"神六"返回舱平安着地，海胜和他的战友微笑着胜利凯旋时，人们海潮般地欢腾起来。欢呼声、锣鼓声、鞭炮声和音乐声响彻天空，整个杨垱街仿佛跳动起来。杨垱的大街小巷，成了欢乐的海洋。此刻，我看到好多人激动地流出了热泪。现场的情景，感天动地。我在现场心灵受到的震撼和感触，终生难忘。

春节刚过，我接到市委宣传部交给的任务，要我与单位工作脱勾抓紧采写聂海胜。部长段永建当面告诉我，其他工作全部放下，集中时间和精力尽快把聂海胜写好，务必抢在4月中旬到北京，请聂海胜看稿审阅。在我采写的过程中，段部长多次给我打电话发短信，几次约我见面，两次召集主持小规模会议。对我完成这一书稿，给予了极大的关心和鼓励。我认为，聂海胜是从枣阳走出的航天英雄，枣阳把他青少年时期鲜为人知的生动故事，采写出来宣传出去，是一件很有意义的事。当我第一次要通海胜的手机和他通话时，虽然家乡组织与其单位已取得联系并要他配合家乡对他的宣传工作。他仍然向我真诚地表示，最好不要写这个书，最好不要再宣传他。他对我说："我们作为国家培养的宇航员，驾飞船上天是很平常的事，热一阵后也就过去了，宣传多了不好。我们身后无数的研究人员无数的专家科学家，才是最值得宣传的。"他说了很多理由和自己的想法，听得出他说的都是肺腑之言。我再三向他说明，采写这个书宣传他是一个方面，用他青少年时期艰苦的经历和生动感人的故事教育青少年，配合社会主义荣辱观教育，是更重要的一个方面，也是采写这本书的根本目的。同时，我也向他介绍了我的一些写作计划和指导思想，在对青少年加强教育这一点上，我们的想法相同。他对我说他小时候经历的艰苦生活，现在的小朋友们不一定相信。我说正因为他们不了解不相信，才应该对他们加强这方面的教育。他认为，他能有今天的成绩和进步与他小时候经历的艰苦锻炼，在艰苦的环境中磨砺出的坚毅性格有很大关系。最后，我们达成共识，一定要做到百分之百的客观真实。按约定和互留的电话，后来我们又用座机，于每个周末的晚上进行了多次长谈。每次电话交谈前，我都认真准备了采访提纲。

我的一、二部分作品领导审阅肯定后，考虑到运转得个过程，主人公审阅保证作品真实是最重要的工作，为了节省时间我于4月初用特快专递寄给海胜了。我很希望他看过以后能给我介绍一些我没有了解到的素材，可他在电话中向我介绍的都是他的乡亲、同学和老师，谈大家对他的关心和友爱，谈他对家乡、对亲友的记忆和眷恋，对他自己则只字未提。他在电话中对我说，他小时候有很多好伙伴好同学，积极努力、勤奋学习、成绩突出的不少。童年的好伙伴、小学至初中的同学樊华忠的成绩一直就比较好，数学成绩更突出一些。初中的同学杜先槐、杜先甫等成绩都很好，数学成绩并不在他之下。对我书稿中两个老师和一个同学的人名音同字异和其他有出入的地方，他也及时给我提出来了。我告诉他，他初中的同学们在为他感到光荣和自豪的同时，很多都希望能与他见面聚一聚、叙叙学生时期的生活时。海胜在电话中说，他也很想念同学和老师们，很感谢大家对他的关心。他向我询问同学们的近况，对大家表示问候和祝福。一再告诉我，他能有今天的进步和成绩，是部队培养的结果，他的行动要听部队听组织的安排。身为军人,他要考虑报效祖国和人民,要时刻准备完成任务,对此希望同学们能够理解。

从始至终,在彼此的多次长时间电话交谈中,他都没向我介绍一件他自己的事。有些事,有明显的线索我一时没调查准,电话中向他了解时,他总是很谦虚。他一再对我说:学生时期,他的同学们中优秀的很多,像他一样能够一直刻苦勤奋的很普遍。当我列举出他一件一件过人的事例时,他总是谦虚地说:"很多方面我和同学们差不多,只是我有幸成为了飞行员、宇航员,进一步得到了国家和部队的培养,学生时期各方面奠定的基础得到了充分发挥。"他一直把自己的成功,看成是在自己积极努力的基础上,主要得到了国家和部队的培养。他还在电话中对我说:"昨天的只能说明昨天,明天应该重新努力。成绩属于家乡,属于部队;荣誉属于祖国,属于人民。"

三

采写聂海胜的过程中,我越来越强烈地感受到,聂海胜作为一个航天英雄,作为一个"感动中国"的新闻人物,在墙外香的同时在墙内更香。我还明显地感觉到,有一股巨大的力量在推动和鞭策着我,尽快把这一作品写好。这股力量来自于家乡人民对英雄无限的爱,来自于一个基层文联干部和曾经的新闻工作者对英雄崇高的敬仰和对社会的责任心。

第一次到海胜的老家聂庄,我最先找的是海胜的小爹74岁的聂云定老人。当我在路边一家门口问路时,坐在院里晒太阳的三位老汉都很热情,他们听我打听聂云定就知道是来了解宣传聂海胜的,都主动向我介绍说:"我们的海胜一家,人老三代都是好人。海胜从小就特别能吃苦,上学放学去去来来他总是光着脚跑。在学校里读书是村里最知道用功的娃,当兵成了'官人'后一点架子都没有,每次从部队回来都下地干活,见谁都是一脸笑,谁家有事都帮忙。"乡亲们用最朴素的语言对聂海胜作出最高的评价。

海胜的小爹和花婶都在屋里看电视，两位老人都很健谈，从海胜小时候谈到海胜当兵，谈海胜飞上太空以后“村里娃子大人都在看电视，看我们的海胜”。谈话中云定老人谈起了航天员的四种精神，他对“特别能吃苦，特别能战斗，特别能攻关，特别能奉献”的航天精神，比年轻人记得还熟。老人对海胜特别偏爱，他很固执地认定说：“这四句话讲的就是我们海胜，我们海胜从小就在这样做。”看我对他家的泥缸很好奇，他指着一人多高的泥缸对我说：“是装粮食用的，是海胜的主意。”接着给我讲了糊泥缸的事。送我出院门时，老人又一次很认真地对我说：“我们海胜从小就想当兵。”并给我举了很多海胜想当兵的事例，我俩站在院里又谈了半个多小时。

海胜童年的好朋友樊华强的老爹樊大海老人，耳朵很背听不清别人说只顾自己讲，每谈起海胜他都滔滔不绝，他讲海胜每次从部队回乡探亲都要到他家看看，这么多年每次从部队回来时都不穿“官服”，也不说“官话”，一回来就下地干活，成了“官人”后和过去一点没变。老人还向我介绍说，海胜的媳妇跟他回来时也不穿“官服”，海胜咋喊我们，他媳妇跟着咋喊，听着叫人心里高兴。在后来的几次见面时，樊大海老人还向我介绍了他和海胜的父亲从小是同学，新中国成立前一起上过两年的私塾。讲海胜小时候上学很积极，有一年冬天下大雪，学生都没上学，一大早他起来到牛屋喂牛，看到海胜一个人背着书包在漫天飞舞的大雪中上学的情景。讲海胜和他儿子老强小的时候，成天形影不离，海胜帮助老强做作业，两人一起撵兔子、摸虾、捉鱼、爬树、藏猫等等。

聂海胜初中的老师和校长杜本武，在海胜还未成为英雄的时候就热心宣讲海胜，讲海胜的为人，讲海胜的经历，讲海胜的理想，讲海胜刻苦学习的故事。我和杜校长 8 次见面，通电话的次数更多，他每想起海胜的什么事都要及时打电话告诉我。一次他进城，我刚起床他就一大早找到我家里向我谈海胜，他深情地讲，我认真地记。看得出，他要不把这些又想起来的新内容讲给我听，他会吃饭不香睡觉不稳。如今早已退休的他，最大的爱好和快乐就是向人们宣讲聂海胜。每谈起海胜时，他显得年轻显得幸福，满脸都是笑。但他有一个原则，他口

聂海胜和妻子聂婕琳一起看家乡的《襄樊日报》

中讲出的海胜都是“原版”，都是他当年看到和听到的。海胜成为英雄后，他又听别人讲的或从什么地方看到的他不讲。他多次对我说：“要是我们国家的青少年，今后都能像海胜那样从早发奋读书，勇于克服困难，顽强拼搏进取，立志报效祖国，懂得知恩图报、尊老敬贤、尽忠尽孝、知荣辱明事理，那我们国家就是最强大的国家，我们民族就是最伟大的民族。”逐渐地我明白了，一辈子教书育人的杜本武校长，之所以痴迷地长时间宣传聂海胜，他是站在国家强盛、民族复兴的高度在考虑问题。

聂海胜高中的同班同学、现在枣阳市人事局工资福利科担任科长的金邦才，是局里的大忙人。为采写聂海胜我找过他 7 次，给他打了多少次电话我记不准了，我每次去找他，他都停下手里正忙着的活来陪我，每次打电话给他，他都把我要了解的事讲清讲透。我多次抱歉地对他说：“又耽误了你的很长时间。”他总是笑着回答我：“没事，晚上加个班就行了。”肖居成是聂海胜从小学到高中的同班同学，和海胜又是一个村的，我到他家里找他面谈的次数虽比找金邦才少，但电话找他的次数要比找金邦才多。一天晚饭后我又到杨垱找他，临行前我给他打了个电话，由于沿途我顺路找了两个人，车到杨垱中心小学时已是夜里9点多钟。那天晚上又黑又热，我到他家门口时门开着屋里却没亮灯，电视也没开。我刚准备转身去院里找他，他喊了我一声。原来他在屋里等我，我问他屋里没电天又热咋不出去转转凉快凉快，他说怕耽误我的时间。为了节省我的时间，他在又黑又热的屋里等了两个多小时。这就是厚道的肖居成，这就是积极支持我宣传海胜的肖居成。

据我所知，上高中时肖居成把海胜一次为他办事花的8角钱车费给忘了一直没还，20多年后想起这8角钱时，他却感到这8角钱不好还了。他要一辈子记住海胜那次对他的帮助，他决心一辈子像海胜那样做人做事。事实上，小学老师肖居成，很早就照着海胜的样子在做人做事，他在学校好的口碑，他在工作岗位上得的很多奖状，不就是证明吗？人在困难的时候，得到的一次真诚帮助，如果从单纯的知恩图报演绎成终生对崇高思想和品德的自觉追求，它所产生的力量一定是乘法式的效果。我还听说，肖居成上初中的时候，也帮助过一位同学。那位同学当时异常的困难，家境较好的肖居成，一次性资助那位同学10块钱。10块钱对当时农村的初中学生来说，可不是个小数目。多少年以后，富起来当上老板的那位同学每次见到肖居成时，都要真诚的提起当时的那10块钱，肖居成总是摆摆手一笑了之。肖居成说："我现在要是还海胜当时为我花的那8角钱他会收吗？我一辈子记住这8角钱也是一件很有意义的事。"我听出了，肖居成向我表明的，是他一辈子要向聂海胜学习的决心。

我到聂海胜家去的比较多，开始海胜的弟弟聂新胜对我能躲就躲，实在躲不过去了他就对我说："我当时小，我哥的事我知道的少。"不知是海胜对家人有要求，还是他真的谈不出什么。但每次见面我都要向他了解一下他母亲的身体近况，衷心希望老人家早日康复、早日恢复说话，喜欢与新胜开两句玩笑，时间不长彼此成了老熟人。记得元宵节后我又一次去海胜家里，客厅里海胜的五姐夫张群山在陪一位从南漳来的客人喝茶说话。我进屋后客人自我介绍说，他是南漳县一个小学的退休老师，一路打听来到海胜家里，什么事也没有，只是想到聂海胜家里看一看。从南漳到枣阳，中间隔着襄樊市，往返一趟300多里。我猜想这位退休老师，是不是要写点什么，或感受点什么，就主动向他简要介绍了聂海胜的成长经历，家庭基本情况，青少年时期的生动故事，以及我对海胜成长、成才、成功的理解和认识。这位退休的老师对我的介绍很满意。送走这位退休教师，在后院修水管的新胜放下手里的活来客厅陪我，向我介绍说："元宵节的团圆饭是我嫂子做的，开始五姐要做，说嫂子从远方回来一路辛苦，可嫂子坚持要做这顿饭，还对五姐说：'你是聂家的女儿我是聂家的媳妇，平时我回来很少，这顿饭理应由我来做。'"新胜接着又告诉我，"嫂子把饭做好后，又专门给母亲做了稀软一些的饭，一口一口地喂母亲，嫂子把这一切忙完后自己才吃饭。"由于多种原因新胜28岁了还是光棍一个，我听说他哥哥海胜成为英雄后，上门给新胜提亲的很多。临别时我又对新胜开玩笑说："现在好找媳妇了吧？你哥找了一位漂亮的女兵，你就不一定也要找女兵了，找一个漂亮的女民兵就行了。"实在的新胜这回放松了警惕，没有听出我是在与他开玩笑，认真地回答我说："现在好找是好找了，就怕找一个她对我妈不好。"刹那间，我感到站在我面前的新胜高大起来。找媳妇他先考虑的不是自己是否满意，而是能否对自己的母亲好。联想到当初他母亲张金秀突发脑溢血生病住院，正在备战"神六"的他哥带着他嫂子从北京赶回，他当时想到哥哥正处在关键的时候，肩负着国家的重任，就对哥哥说："你在外为国家尽忠，我在家为母亲尽孝，家里有我你就放心吧。"只有初中文化的聂新胜，虽然没有他哥聂海胜文化水平高，但他像他哥一样有一颗金子般的心。巴尔扎克说："灵魂要吸引另一颗灵魂的感情来充实自己，然后以更丰富的感情回送人家。"聂新胜的高尚品德和美好心灵，是不是从他哥聂海胜身上学来的呢？

四

是谁能让全世界五分之一的心灵，随着他们的节奏跳动了5天5夜？是聂海胜和他的战友；是谁能从前所未有的高度，见证中国飞速发展的今天，是聂海胜和他的战友；是谁出征苍穹、划出龙的轨迹、升空日行巡天遥看，牵动家乡无数男女老幼5天5夜守在电视机前？是聂海胜；是谁青少年时期的经历和故事，让采写的人和很多阅读的人止不住落泪，是聂海胜。

品味聂海胜的青少年时期，想象他青少年时期扎实迈出的每一步，细读他青少年时期留给人们的一连串闪光故事，让人们对他不能不油然而生敬意。作为学生，他始终在发奋读书；作为晚辈，他很早就知道对长辈知恩图报，对老师感恩尽孝；作为兄长，他真情关爱弟妹；作为中华儿女，他一直把报效祖国、服务人民看成是自己的责任和义务。中华民族的优良传统，在聂海胜身上得到了集中体现。胡锦涛总书记提出的以“八荣八耻”为主要内容的社会主义荣辱观，聂海胜很早就在默默践行。

面对聂海胜，我们应当首先学会做一个高尚的人。从古至今凡是杰出的人，能为国家为民族作出突出贡献的人，都是品德高尚的人。高尚的品德，是人生的精神支柱；坚定的理想信念，是人生力量的源泉。聂海胜是在党和人民的哺育下成长起来的一代践行社会主义荣辱观的杰出代表。在聂海胜身上，集中体现了中华民族的传统美德和优秀品质，体现了我国青年爱祖国、爱人民、爱劳动、爱学习、爱科学的优秀品质。正是这些传统美德和优秀品质，汇成了具有鲜明时代特点的聂海胜精神。他代表了我国青少年的成长方向，揭示了青少年自身成长的正确途径。

面对聂海胜，我们应当学会不断进取自强自立。在漫长的人生道路上，每个人都会遇到这样或那样的困难。在艰难困苦面前，是奋发图强积极向上，还是消极颓废怨天尤人，检验着人生的追求、意志和信念。聂海胜面对人生的困境、身处人生的低谷，不绝望、不退却、不放弃，以坚定的决心和超人的毅力，不畏艰辛、奋发进取、顽强拼搏。他这种自强自立的风骨，敢于挑战的性格，积极进取的精神，难能可贵，感人至深。我们从聂海胜身上，看到了平凡人生的崇高之美，看到了知荣辱讲廉耻的伟大力量。

面对聂海胜，我们应该学会用知识武装自己，特别要注意从小从早用知识武装自己。知识就是力量，用知识武装起来的人是最强大的人，用知识武装起来的民族是最强大的民族。革命先驱李大钊很早就告诉人们："知识是引导人生到光明与真实境界的灯烛。"（上海人民出版社《名人名言录》，第179页）宋庆龄同志说："不管你预备走哪一条路，顶顶要紧的是先要为自己做好准备。你不能赤手空拳地开始你的行程，你必须用知识把自己武装起来，你必须锻炼出健壮的身体和足够的勇气。"（《宋庆龄选集》，第333页）聂海胜能够成功、成才，成为航天英雄，成为"感动中国"的新闻人物，就是由于他从小从早在用知识武装自己。没有学费、缺吃少穿、路途遥远，都没有动摇他坚持上学读书的信念。没有钱搭车，他一次次赤脚跑四五十公里，也要按时到校上课。为了求知求学，他把人生道路上的异常艰苦当成是对自己的锤炼。从小学到高中毕业，在德、智、体三个方面，他夺得了很多满分、第一、冠军、红旗。古今中外，凡有志于成才的人，没有不勤奋好学的。许多著名的政治家、科学家、军事家和文学家等，他们脱颖而出，卓然而立，因素固然是多方面的，但突出的一点就是他们勤奋好学。

在立志报国、刻苦学习、用知识武装自己这一点上，在克服困难、顽强拼搏、不断进取这一点上，在理解他人、关心他人、与人和谐相处这一点上，在知恩图报、尽忠尽孝、尊老敬贤这一点上，在做人做事的很多方面，聂海胜给我们树了一面旗帜，堪称是我们的标杆，是我们的榜样。

作 者

于作品完成之后

偶然在必然之中

汤华明

2005 年 10 月 17 日凌晨,在内蒙古四子王旗的阿木古郎牧区,聂海胜和费俊龙两位航天英雄,驾神舟六号宇宙飞船,畅游太空 5 天 5 夜,胜利完成任务。当聂海胜从返回舱出来,地面上欢迎的人群中第一个向他表示祝贺的湖北人就是我。

2006 年 4 月 15 日中午,我接到徐青松从聂海胜的家乡打给我的电话,告诉我他从今年 2 月初至 4 月中旬,用两个多月的时间采写完成了长篇纪实文学——聂海胜青少年时期的故事一书。要我对他的作品多挑毛病、多提意见,在他过去的战友中第一个阅读他作品的人也是我。

读完徐青松的这部作品后,我有很多的感慨,突出的一点就是徐青松在作品中提出的,聂海胜能成为航天英雄,成为“感动中国”的新闻人物,成为百万家乡人民爱戴的骄子,绝不是偶然的,而是必然的。即便说有一些偶然性,这种偶然也在必然之中。由此,我想到徐青松能采写出这部思想性和艺术性皆佳的文学作品,也不是偶然的,而是必然的。如果说,徐青松和聂海胜是枣阳同乡,高中同是从枣阳一中毕业的,都有军旅生活的经历,他能把聂海胜青少年时期的故事写成功有一些偶然性的话,那么,这种偶然也在必然之中。

徐青松很早曾是我的领导、战友和老师。20 世纪 80 年代初，我来到河南某炮兵师当侦察兵，徐青松是师政治部的新闻干事，一个当时在武汉军区很有名声的新闻人。训练之余，我特别喜欢写点发生在训练场上、发生在官兵之间的有趣故事，因为不得要领，所以写的东西总是不被看好。于是，我大胆地从团里跑到师部去向他请教，徐干事总是不厌其烦地教我很多采访和写作的方法。使我在干好本职之余，获得业余写作的成功，所写的东西经常登上各个报纸和电台，为此多次立功受奖。更重要的是，在他的鼓励、培养和教育下，我顺利考上军校，成为一名指挥员。直到现在，我仍习惯地称他“徐干事”或“徐老师”。

20 多年过去，当时火热的军营生活仍历历在目。在我们师新闻报道队伍中，徐干事既是我们的头，又是我们的老师。记得那时，我们师每年要办一期新闻写作培训班，每次时间两个月。徐干事早上带我们出操，上午给我们讲课，下午指导我们写稿，晚上他有时写稿有时写材料，总要忙到半夜。每天起得最早的是他，睡得最晚的还是他。

徐干事那时对我们要求很严，我们近 20 人住在师礼堂，不是星期天，他从不让我们出大门。他还要求我们写“天天练”，即每天写一篇 500 字以上的短文，他天天要检查。他对我们说，他在军区和解放军报社参加培训时，在信阳陆军学院武汉军区新闻班学习时，他的老师军区宣传部的熊焰处长就是这样要求他们的。他在给我们讲课时，讲着讲着就讲到了熊焰、范匡夫和李启科三位将军……讲他们的人品，讲他们的作品。用他们的见报作品当范文，给我们讲怎样抓问题，怎样把一个新闻稿写得“准、新、活”，怎样把一篇通讯稿和一个故事写得生动感人，我们听了佩服得五体投地。

徐干事对我们很关心，一天晚上馒头没蒸熟，他和炊事班长吵得面红耳赤。炊事班长是一位老资格的志愿兵，兵龄比徐干事长，徐干事平时对他很尊重，但在原则问题上徐干事一向特别认真。那天晚上徐干事又动手重新做了一顿饭，看着我们每人吃饱吃好他才放心。有一天晚上熄灯号刚响毛建中突然发病，徐干事和我们一起把他背到师医院。我们回来后，徐干事却在医院守了一夜，直到毛建中病情稳定。

1984 年是徐干事大丰收的一年，这一年他在原武汉军区《战斗报》发表新闻和其他文字作品 40 多篇，在《解放军报》发表 7 篇，在地方省级以上的报刊电台上发表 20 多篇。这一年 9 月 6 日的《战斗报》，一期报纸上发表了他采写的两篇长篇通讯。这一年我们师的新闻报道工作团体也取得好成绩，师机关、师直师后、师属的四个团，见报稿件的数量和质量都明显提高，在军区获得名次，年终徐干事荣立了三等功。

徐干事的文学创作，是从他当兵的第二年开始的。1980 年夏，他创作的 8000 多字的报告文学《李天保娶亲》，被多家报刊电台采用。河南电台解放军生活节目在广播这篇作品时，编辑独具匠心在节目结尾加上了一首好听的爱情歌曲，我记得开头第一句是“假如没有爱情生活就没有阳光”，使节目产生了很好的效果。部队电影队按照首长的指示，把这个节目录制下来，在部队连续播放了一周，对官兵鼓舞很大。《湖北青年》杂志采用他的这篇作品时，插了一幅好看的图，后又给他评了奖。《八小时以外》杂志采用这篇作品时，加了按语还配了照片，后也给他评了奖。吉林省图书馆编辑出版的《第六十七封情书》，把他的这篇作品放在第四的位置集结出版。同选在这个集子里的有陈建功、王安忆等当红名家的作品。这之后，他先后又采写出了《姑娘怎能不爱他》、《一个优秀义务兵的爱情故事》、《朝霞璀璨似火红》、《他时刻为战士的明天着想》、《当代一兵》等，这些作品都发表在《解放军报》、《战斗报》等军内外省级以上的报刊电台上。他与人合作采写的长篇通讯《搞部队建设少不了唱黑脸的》，在《解放军报》头版头条、加短评配照片发表后、在全军产生影响并获奖。

百万大裁军我们师撤编，徐干事转业回到他的家乡湖北枣阳，我考取军校毕业分到了新的部队，后又转业到武汉晚报社工作。我们之间虽有二十多年没见面，但我仍能经常听到他的消息。我和我们师的老师长韩玉方、师宣传科长高士升、新华社湖北分社杨志军等居住在武汉的首长和战友们相聚时，大家经常谈起他、称赞他。

徐干事转业回乡后，在市委组织部工作时，结合工作利用业余时间，写出了《理想之歌》、《向黄土岗挑战的年轻人》、《送不出去的喜酒》、《山菊花》、《情暖孤寡老人心》等报告文学和散文作品。在市委老干部局工作时，写出了《击鼓岭下种橘人》、《夕阳无限好》等。在山区乡镇担任副镇长时，写出了《古镇新曲》、《五月的麦浪》等。这些作品，大都发表在《农民日报》、《湖北日报》、《党员生活》、《楚天风纪》等党报党刊上。到市文联担任领导后，他曾两次任驻农村工作队队长，长时间深入基层一线，与农民同吃同住同劳动，两次被评为优秀共产党员，两次被枣阳市委通报表彰为优秀工作队长，结合工作写出了《一个工作队长的驻村日记》，当地的党报以连载的形式全文刊发，产生了很好的影响。同时，他也积累了不少的生活素材，为他后来的文学创作提供了帮助。

这二十多年来，徐青松无论闲的时候，还是忙的时候；无论是心情好的时候，还是不好的时候，他手中的笔从没停。按照组织的要求，在办公司离岗创业经商当经理的时候，他手中的笔也没停。他一直在观察生活，一直在思考，在积累，他还经常记点日记。他在一篇日记中这样写道："秋天在田野边散步，我看到成熟饱满的稻穗都谦虚地微微低着头，随风很整齐地像水波一样时起时伏。看了一会我明白了，谷穗都谦虚地低着头，是在向大地母亲施礼，是在向长年累月给它们施肥灌水的辛劳农夫表示感谢。偶尔，也能看到一两株头举得很高的，在随风摇曳、出尽风头、与众显得格格不入，走近了伸手拉过来一看，原来这些自以为是、装模作样的都是瘪谷。"

由此，我回忆到在与徐干事相处的那两年里，他在与我们交往时，从不像个官，工作之余他好与我们开玩笑，好与我们称兄道弟，我们都感到他像我们的班长，像我们的大哥。他那时经常给我们改稿子，稿子改好后他总要告诉我们为什么这样改，最后他还要对我们说，我改的不一定合你的意，只是个参考，你是作者该怎么改以你的意见为准。

他那时很活跃，工作之余和我们一起打篮球、打乒乓球。有时晚上偶尔停电或周末休息的时候，他就把我们组织起来围坐在礼堂前面的草坪上，在月光下轮流讲故事。规定近期从书报上看到的不能讲，只能讲老的，最好讲各自家乡的“土特产”。徐干事好给我们讲的是“刘秀还乡”、“刘文叔晒书”、“棘阳河畔读书寨”、“县长认爹”等。从武汉入伍的桂小华不会讲故事会唱歌，每轮到他时，他就给我们唱一首好听的歌。新兵小林既不会讲故事也不想唱歌，自我介绍学狗叫学得好，徐干事不同意，要他围着我们跑10圈。和徐干事在一起的那两年，我们感到既充实又有趣。

美丽的人生是靠一步一步扎扎实实走出来的。我们师当时由于住房紧张，规定未婚的年轻干部两人住一间宿舍，徐干事因为加班加点多，经师长特许单独住一间屋，在我们师大院每天晚上熄灯最晚的就是他，有时他宿舍的灯光一直亮到清早起床号响。他那时特别喜欢看的书就是李存葆将军著的《高山下的花环》和陕西青年作家路遥的《人生》，他对李存葆将军崇拜的不得了。好的书他喜欢连续看、多次看，看后推荐给我们看。他当时对我们说：“李存葆的《高山下的花环》，是一本拿到手里不看完叫你放不下的书，我连看了三遍才看过瘾。”徐干事很珍惜时间，他当兵的第一年就调到了团报道组，报道组和电影组都住在礼堂里。团里放电影冬天在礼堂里，夏天在礼堂前的篮球场上，电影放映机距他住的位置只有一百多米，他却很少去看。夏天的中午，他从不睡午觉，周末节假日也很少外出，他总是不停地在看书、在思索、在写作。重复重复再重复，重复的结果就是成功。徐干事当战士期间，两次荣立三等功，也都是因为写稿成绩突出而获得的。

22年没见面，我们这次取得联系后先见面的是各自的作品。通过电脑，我细读了他的《聂海胜青少年时期的故事》和其他作品，他读了我去年出版的《父辈的卫国战争》。我的这部15万字的通讯体报告文学，他两天一夜就读完了。他在电话中对我说：“两个多月的时间，26000多里的行程，连件换洗衣服都没带，看来汤华明还是汤华明。”当时为了轻装方便，我只多带了一件内衣，外衣晚上洗白天穿。我问他是怎么知道的，他告诉我是书中的9幅照片告诉他的。9

幅照片摄于不同的时间和地点，穿的衣服却是同一件，由此可见他的细心。我们第一次相约在武汉见面时，从下午谈到了晚上，从晚上又谈到了深夜，从始至终他向我谈的最多的是聂海胜。他的那份执著和激情，铁石心肠的人也会被他感染和融化。从他的言谈、日记和作品中，我听到和看到的是他的那颗火热跳动的心。见面期间和分手时，我多次由衷地对他说：“徐老师永远是我们的徐老师。”

青少年是祖国的未来和希望，我们中华民族是最伟大的民族。已为人父、儿子已上大学的徐青松，对下一代、对青少年特别关心。他看到青少年一代传承了我们中华民族的很多优秀品质，比我们这一代人强。但同时他也看到了这一代的青少年由于多种原因，有的在勤俭节约、艰苦朴素方面，有的在承受困难和压力方面，有的在自强不息、顽强拼搏方面，有的在知恩图报、尊老敬贤方面明显不如他们的父辈。加强对青少年一代的教育，引导他们继承和发扬我们中华民族的光荣传统，使他们能够长江后浪推前浪，一代更比一代强，是社会各界，是每个做父亲的、做家长的责任和义务。

徐青松在做了大量调查研究的基础上，认准了聂海胜从艰苦的农家一步步走出，一步步登高，绝不是偶然的，而是必然的。聂海胜从小立志报国，在父辈的教育和传承下养成了许多优良的习惯，在异常艰苦的环境中磨砺出了坚毅的性格，其成长经历有着许多生动感人的故事，是一笔十分宝贵的教育资源。

在部队和转业回乡后，采写并发表过很多新闻故事、通讯、散文、报告文学的徐青松，怀着一颗虔诚的心，抱着学习和求知的态度，一气把航天英雄聂海胜青少年时期的经历采写了出来。他坚信用聂海胜青少年时期的故事引导和教育当代的青少年一代，是一件十分有意义的工作。他认准的事，向来是说干就干一干到底，决不半途而废，不干出点成绩和名堂来他一定不会罢休。

聂海胜青少年时期的故事一书，也许是和作者太熟的缘故，我感觉是我读过的纪实文学作品中最亲切、最生动、最感人的一本，读来令人爱不释手。徐青松之所以能够把聂海胜写得如此动人,我想,首先是他自己被聂海胜感动了,是他全身心地投入到这一作品的创作之中。如他自己所说:“好的文学作品不是写出来的,而是从作者心里流出来的。”

两个多月的时间,采写出这部十多万字的长篇纪实文学作品,除了徐青松的热情和雄心外,徐青松的责任心也是难能可贵的。

2006 年 4 月 20 日

(汤华明 《武汉晚报》首席记者、
《人民日报·海外版》专栏作家、第十七届中国新闻奖获得者)

讲故事就讲聂海胜

——长篇纪实文学《梦想成真聂海胜》读后

孙继炼

做父母的,当爷爷当奶奶当姥爷当姥姥的,在给小朋友们讲故事的时候,我建议就讲聂海胜。

打开《梦想成真聂海胜》这本书,我们看到了航天英雄聂海胜青少年时期有很多的故事。这些故事生动感人有趣,有利于青少年的成长成才成功。喜欢听故事是小朋友们的天性,儿时听没听过故事,听得多还是听得少,听过的故事是什么内容,那情况是不一样的。航天英雄聂海胜青少年时期的故事,之所以会产生广泛的社会影响,就是因为这些故事吸引和感动了很多人,也因为这些故事教育和成就了很多人。

所以,我要再次对您说:"讲故事就讲聂海胜。"

《梦想成真聂海胜》一书的作者徐青,原名徐青松,30前年上军校时我们是同班同学,在解放军信阳陆军学院武汉军区新闻班难忘的军校生活中,我们全班同学结下了深厚的友谊。听说入学考试时,要求结合自己的经历以《梅花香自苦寒来》为题完成的作文,他获得第一名。我们的老师、当时武汉军区政治部新闻处处长、后来的广州军区政治部副主任熊焰少将,破例给了他满分。入军校前,从《解放军报》、原武汉军区《战斗报》和其他军地刊物上,我看到过不少他的新闻作品，也读到过一些他的文学作品。军校毕业，他在所在部队师政治部担任新闻干事时，发表的作品就更多啦。

近日，他把长篇纪实文学《梦想成真聂海胜》书稿传给了我，要我帮他把把关提点意见。徐青做人做事的性格我了解，认准的事一定会坚持做到底，听说他转业后一直结合工作坚持业余写稿和文学创作。去年10月，我们师生同学相约在武汉相聚时，他还把他在当地党报近期发表的一些散文作品带给熊焰老师看。他开始写书，不声不响写出十几万字的长篇记实文学，我却没想到。听说他的另一部作品《师长的军礼》（暂定名），也已基本完成。然而，更使我没想到的是，故事集《梦想成真聂海胜》读过几篇之后，我就被他笔下的聂海胜深深吸引住了。1977年，我参军从北京来到了湖北，这里是我当兵的第一站，是我的第二故乡，我在这里生活了九个年头。我对当地农村的生活状况，风土人情，自然环境，民俗民风都了如指掌。作品把我带回到广阔的鄂北农村，带进了聂海胜的青少年时期，我为聂海胜异常艰辛的童年、不怕艰苦的性格、敢于挑战的勇气和引人入胜的生活经历，牵肠挂肚击掌叫绝。我的同学徐青，30年前在所在部队政治部担任新闻干事时，人物通讯就写得好，擅长写故事和报告文学。像聂海胜坚守自己的"蓝天"梦一样，把他的文学梦坚守到了今天，在中国报告文学的文坛上，谁能说他不是一位令人瞩目的英勇战士呢？

徐青从《我们的"海胜小学"》的故事开始下笔，采用倒叙的表现手法，从聂海胜的童年开始描述，直到聂海胜高中毕业参军，为我们展现了一条脉络清晰的聂海胜之所以成为聂海胜的青少年时期成长路线图。他用简练唯美的文字，细腻真挚的情感，生动准确的描述，多以白描的表现手法，将聂海胜青少年时期无数个闪光点，像电影镜头一样再现在读者面前。一个个的故事，鲜为人知，生动感人，故事的说服力、震撼力很强。农民家庭中长大的聂海胜，虽然单纯质朴、经历平淡，却比一般的农家子弟更加坚韧、勇敢、执著，更具有理想和追求。打开《梦想成真聂海胜》，看徐青写的聂海胜青少年时期的故事，看着看着感觉他当时就像在现场一样，作品十分生动而逼真地再现了聂海胜的青少年时期，看得出他在采访上是下了很大工夫的。他把聂海胜写得既生动感人又客观真实，他用火热的心和灵活的笔，全方位、多层次向我们介绍了聂海胜的青少年时期。我被聂海胜的独特性格和坎坷经历所感动，被他身上所展现的鲜明夺目的思想光彩所吸引。作品以一种浓烈清新质朴无华的力量，感染着我打动着我，使我时而激动时而沉思时而感奋。

这一段时间工作任务重，还有一些活动要参加，虽然很忙，我还是很快地(或者说很慢地)把这个长篇看完了。我是逐篇逐段、逐句逐字仔细读完这个作品的，有的篇章有的段落我反复看了多遍。应该说，我是在一种很激动很感奋的心境下，心潮澎湃地读完这个作品的。读完这个作品，我在久久激动的同时，感到的是很满足很充实。我曾在解放军报社时事部和总编室担任主任，我在审读作品时，往往是怀着一种客观的、剖析的，甚至是淡漠的情绪和挑剔的目光。而现在，这部描写航天英雄聂海胜青少年时期的纪实文学作品，不仅深深打动了我吸引了我，我还想把它推荐给更多的人，让更多的人、特别是青少年朋友从中汲取营养，受到教育和鼓舞。我觉得宣讲聂海胜的童年，推荐这部作品，是一件很有意义的事。读完作品的那天，已是深夜很晚的时间了，翌日一早，我就给徐青打电话。我要把我读后的所感所思全部告诉他，我希望作品尽快地出版面世。时间会证明，这部由多个小故事和作者的采写感受组成的纪实文学作品，是一部读了让你感动、让你受教育、让你要推荐、让你要珍藏的好书。

我期待着，我时刻期待着《梦想成真聂海胜》，能早日出版早日面世。

青少年是祖国的未来和希望，青年强则祖国强，青年强则民族兴。一部具有民族精神、充满昂扬激情、洋溢着青春活力的文学作品，会给广大读者，特别是成长中的青少年带来精神上的引领和行动上的榜样激励。纪实文学《梦想成真聂海胜》，正是一本这样的好书。它好就好在，深入地挖掘和再现了我们喜爱的英雄，一代天骄聂海胜身上所赋有的那种瑰丽青春和宝贵的精神品质，是一部能够提高和净化人们理想追求思想境界的作品，是一部对青少年成长成才成功具有启迪和教育意义的力作。它迎合青少年朋友喜爱听故事喜爱看故事的特点，把聂海胜青少年时期异常艰苦不怕艰苦战胜艰苦的经历，用一个一个故事的表现形式，像珍珠一样串连了起来。这串珍珠，在我们眼前闪闪发光熠熠生辉。所以我要说，这样的作品，正是我们的时代眼下所需要的作品。我们的广大读者，特别是青少年朋友们，将会从这部作品里获得宝贵的启示和丰富的营养，获得不断进取一往无前最终必胜的坚定信念和力量源泉。

青少年在成长的道路上会遇到很多烦恼，不少做父母的也会为孩子出现的这样那样的问题而着急。拿你的童年你的青少年时期，和聂海胜的童年聂海胜的青少年时期比较一下，也许你会感到你遇到的困难就不是困难了，你遇到的问题也不是什么问题了。聂海胜的青少年时期，是在特定的历史时期特别困难的家庭里度过的。你今天遇到的烦恼和问题，他当年可能都遇到过，很多你没有遇到的烦恼和问题他也遇到了。他在青少年时期，曾多次面临辍学，面临生存问题，他高中学习阶段基本是靠奖学金和自己打工挣钱来完成的。聂海胜和作者徐青在一次电话交谈时曾说，他青少年时期的艰苦经历，现在的青少年朋友们不一定完全相信，他的女儿就不是完全相信。但我们作为聂海胜的同龄人都是完全相信的。聂海胜的担心不无道理，我也有此同感。而正是缘于此，我才更感到这部作品的价值和珍贵，感到我的同学和战友徐青同志，在采写创作这个作品时的良苦用心。也更说明《梦想成真聂海胜》，是一部不可多得的、针对儿童心理特点、指导青少年朋友做人做事、读书学习、积极向上的珍贵作品。

聂海胜的故事很多，书中的 39 个故事个个精彩。聂海胜不论是作为英雄还是作为将军，在人生的道路上他留下的是一串又一串坚实的脚步。读聂海胜青少年时期的故事，你在被感动止不住要落泪的同时，也许读着读着你会感觉童年的聂海胜就在你身边就在你眼前。作品能如此打动人，是作者用纪实的表现手法，给我们介绍了一位高大的聂海胜，同时也给我们介绍了一位真实的聂海胜。聂海胜由一个偏僻乡村的农村娃到航天英雄，由士兵到将军，不是天生的。他小的时候，也和我们一样，有过调皮捣蛋、有过贪玩贪睡，也曾被严父罚过站，打过屁股。他最终成为一代天骄，成为“感动中国”的新闻人物，成为家乡枣阳、襄阳,乃至湖北的一张响当当的名片,是他顽强拼搏努力奋斗的结果。聂海胜的成功给我们的启示是,人生的路上不论是谁,只要像聂海胜那样脚踏实地、顽强拼搏、百折不回、坚持到底,都有可能进入辉煌。

讲聂海胜首先要讲聂海胜的理想,青少年朋友读聂海胜,首先要读懂聂海胜的理想。人在童年的时候做梦有梦想是普遍现象,聂海胜小时候的梦想就是长大了当兵,后来又想当空军飞行员。驾飞机在祖国的蓝天上飞翔,为祖国和人民站岗放哨。有梦想很简单,关键的是要坚守自己的梦想。很多人儿时的梦想没有实现,就是因为坚守得不够。聂海胜儿时的梦想实现了,他不仅当上了兵,当上了飞行员,还当上了宇航员,成了航天英雄。聂海胜在追梦的路上一直在奔跑,很多时候他是光着一双脚在奔跑,在徐青的作品里,从始至终都可以看到聂海胜奔跑的身影。读懂聂海胜的理想,还要像聂海胜那样梦想要现实,最好把自己的梦想与自己的兴趣和祖国的需要人民的利益结合起来。也许,这就是聂海胜梦想成真的诀窍和真谛。习近平总书记提出的伟大的中国梦,凝聚每一个人的力量和梦想。只要我们大家像聂海胜那样,以献身祖国服务人民为己任,中华民族伟大复兴的中国梦,就一定可以实现。

这部大约 18 万字的作品, 我是用了一个多星期的时间看完的。说很快地把它看完,是我每天都在看每天都想看,一天开始的时候在看,时间很晚了还在看。我放下了手里能放下的事, 要求自己抓紧看尽快看。说很慢地把它看完,是我毕竟用了一周多的时间,我完全进入到书中,进入到童年聂海胜的生活里面。阅读作品时,我几次不知不觉中流下了眼泪。与聂海胜同喜同悲,同苦同乐。作品看完了,电脑关机了,我满脑子仍是聂海胜。好像我也成了聂海胜童年伙伴中的一个,童年聂海胜的影子,一直在我身边在我眼前晃动。

徐青同志的作品《梦想成真聂海胜》,使我认识了童年的聂海胜,帮助我更加全面更加深入地认识和了解了航天英雄聂海胜。徐青只是嘱我为他的作品把把关提点意见,读完作品我却忍不住坐在电脑桌前,把在我头脑里一直蹦跶的这些文字,一气敲打到电脑里。作品虽还有不足和不尽人意的地方,但这些不足和不尽人意，丝毫不影响我们称赞这部作品，是一部思想性和艺术性皆佳的好作品。

最后，我要说《梦想成真聂海胜》，是一部震撼人心的具有艺术感染力量的作品，是一部传递道德建设正能量，唱响中华民族正气歌，弘扬美好时代主旋律的作品。

2013 年 5 月 17 日

（孙继炼　《解放军报》原副总编辑、现解放军电视宣传中心主任、少将）

后　记

《梦想成真聂海胜》,经过千锤百炼,即将出版面世了。

2006年春节前后,航天英雄聂海胜的家乡湖北省枣阳市,久旱干涸的黄土地喜降祥瑞,漫天瑞雪连下了三场。海胜飞天成功,大地瑞雪飘舞,这一年的春节,枣阳的千家万户沉浸在喜悦之中。

2006年2月4日(农历正月初七)上午,我接到枣阳市委宣传部的通知,部长段永建同志要我过去和他见面,部里要安排我写聂海胜。我一到场,段部长就对我说:"你这一段时间,将其他工作全部放下,集中时间和精力专门写聂海胜。"在场的副部长陈胜、李明和卢世成等同志,也对我完成这一工作表现出极大的热情,并提出了一些建议。段部长明确对我说,由我独立负责完成书稿,由文明办负责后勤保障,4月中旬拿出书稿,务必在4月底5月初到北京和聂海胜见面请他看稿审定。领导们的重视支持,对我完成这一艰巨任务鼓励很大。经过认真准备,第二天下午我就开始了摸线索的工作。在我摸线索的初期,宣传部的李明和徐梅启同志、杨垱镇的宣传委员王运红同志还陪同过我。

在摸到一些线索并与聂海胜通过几次电话的基础上,我列出了采访提纲和采访路线图,还列出聂海胜从出生到参军这段时间的年谱。海胜同志很谦虚也很谨慎,开始他坚决不同意写这本书。他对我说,他们作为国家培养的航天员,驾飞船上天是一件很平常的事，他所能做到的，他的战友们都能做到。他还对我说，真正值得写的、应该宣传的，是他们身后无数的科技工作者。我进一步对他说，写这本书宣传他是一个方面，用他青少年时期的特殊经历，影响和教育青少年朋友，配合社会主义荣辱观教育，才是更重要的。在取得聂海胜单位同意的基础上，我开始着手采写工作，后来聂海胜同志虽然也同意了，但从始至终他没向我介绍一件他自己的事。采写一开始，我们还达成了一个共识，一定要使作品100%的真实和100%的客观。

凭转业前在部队多年担任师新闻干事的经验，我明白要完成好这一任务，工作的重点在采访、在深入生活，采访和构思破题比写作更为重要。在宣传部的一次小规模会议上，当段部长要我发言时，我对大家说："要写革命书，首先要做革命人，要用海胜的精神写海胜。"我下决心要在采访上下工夫，作品初稿完成前我先后采访了490多人次（含电话采访），初稿完成送给大家审阅时，又采访了100多人次（含电话采访）。聂海胜的亲友及乡邻聂云定、聂云杰、徐贵所、聂长远、聂海远、聂道勤、张群山，聂海胜的小学老师徐大田，童年伙伴聂金玉、聂永福、樊华强、樊华忠、樊富华，初中校长化学老师杜本武，初中班主任兼语文老师陈玉兰，初中学校团组织工作负责人程金凤，初中同学孙显军、邹温合、杜随成、杜先槐、杜先甫、杜晓敏，高中校长关东友，高中学校团委书记尹昌祥，高中班主任化学老师赵天智，物理老师李少华，高中同学钟爱军、高玉改、杜宏、金邦才、史天东、刘为众、胡华忠、杜锐、周越颖、肖居成、李军等向我提供素材的100多人审阅了作品。他们或当面或电话，分别向我提供了很多十分宝贵的写作素材和意见。有的还到枣阳市委家属院，找到我家里向我介绍聂海胜。

在写作期间，宣传部长段永建同志虽然很忙，却不时与我有电话和短信交流，听我谈采写感慨、创作思路，关心督促我的写作进度，就是个别我一时拿不准的标题，他也帮我参谋提出建议。我基本上是按小学、初中、高中三个时间段的先后顺序完成的。我完成一部分他就及时审阅一部分，他还三次主持召开小规模的会议，对我的创作进度和作品质量，给予表扬、肯定和鼓励。2006年4月

11日下午，他还专门请来湖北省作家协会副主席段明贵先生，在枣阳福隆宾馆对我的作品进行讨论。讨论的头天，李明同志就将我的作品拿去交给段明贵先生，为作品讨论做好充分的准备。

段明贵先生首先肯定了我的创作思路，对我的写作风格、表现手法给予了表扬，对我重点截取海胜开始上学到参军这一段时间的写法给予充分肯定。特别是对我了解到的很多聂海胜鲜为人知的写作素材，在采访上的深入细致给予高度赞扬，对已完成的作品也提出不少宝贵意见。最后他以商量的口吻向我提出了两点建议：第一条：鉴于书名的字数太多可否把书名改为《少年聂海胜》。书名由《聂海胜青少年时期的故事》，改为《少年聂海胜》，字数减少了意思却没变我觉得好，我表示完全同意。第二条建议："可否把某某写的几篇糅到你的书稿中？"由于我没见到某某的稿子，事前没在一起进行讨论，我怕作品出现两张皮，影响出书进度。我认为用我一个人独立完成的作品，署三个人名字或署单位的名称发表，既可避免作品出现两张皮又简单省事节省时间。经过领导商量，段部长当即拍板通过我的作品，并要求我抓紧把最后两篇完成，过两天一起到北京和海胜见面。

从1978年入伍当兵在团里当报道员开始，对采写故事和纪实文学，虽有较丰富的实践经验并有不少作品在军内外报刊和广播电台发表，但我清楚自己的写作水平还处在眼不高手却低的位置，加上时间过于仓促，当时我完成的初稿显得十分粗糙，甚至还存在很多错别字。领导和专家们的表扬肯定，是对我最终完成作品的鼓励和促进。

2006年2月初到4月中旬，我完成了《写在前面》、《我们的"海胜小学"》、《开学第一课》等35篇初稿。在两个多月的时间里，我一气完成三十多篇共计十余万字的作品，有时一天只睡三四个小时甚至更少。当时我处于一种亢奋状态，完全进入到角色之中。如果说后来完成的作品感动了很多人，首先是我自己被感动了。在写小学部分、初中部分和高中部分时，我掉过多次眼泪。在写海胜父亲去世的那一篇初稿时，是上午九点多钟，我坐在阳台上写着写着，眼泪像断了线的珍珠从眼眶里滚了出来。市委老院打字室在大门口，人来来往往比较多，打字员小齐对我说，她每打出一篇人们就争相传看一篇。她的女儿当时上小学四年级，每天放学后都要先到打字室看有没有新打出来的故事，如果有，她总是要把聂海胜的故事看完后再去做作业。

在对初稿进行修改送审的同时，6月15日之前，我又创作完成了《严父慈母》、《藏猫高手》、《考验》、《姐弟情深》、《谁是雷锋》等六篇，将《海胜想当兵》改为《长大想当兵》，《是人民养育了我》改为《乡情似海》，《小学老师终身难忘的一件事》改为《同学脚崴之后》，《中学校长当时哭了》改为《黑夜接同学》，《两个蹭书的学生》改为《蹭书》，《与命运抗争的高中生》改为《相约不言败》，《参军前夕》改为《光荣参军》，同时写出了《解读聂海胜　感悟荣辱观—— 一次没见到本人的采写》，加到一起形成了第二稿。《梦想成真聂海胜》由四十余个聂海胜青少年时期的真实故事组成，当时的《襄樊日报》以连载的形式刊发了其中的一部分。

本书在创作完成的过程中，除得到聂海胜的乡邻、同学和老师们的极大关心帮助外，还得到枣阳市委宣传部和枣阳市文联的支持重视，更得到枣阳市委、市政府的高度重视。同时得到了上级宣传和文联部门的关心支持，襄阳市文联、湖北省文联、中国文联都做过具体工作。聂海胜同志所在单位也给予了关心支持。中国青年出版社、湖北教育出版社和《襄樊日报》的先生和朋友们，也提出过宝贵意见。更要表示感谢的是，作家刘富道先生，记者孙继炼、黄宏贵、汤华明先生，为这本书的最终完成，倾注了热情和劳动。特别要表示感谢的是，湖北人民出版社的领导和责任编辑程小武先生，是他们慧眼识珠，一眼看中并下定决心要出版这部文学作品，并为作品的发行做了很多工作。对于关心本书的领导、作家、记者、同仁和朋友们，在此再一次表示衷心感谢。

本书能够及时完成，书中聂海胜青少年时期的部分故事能够在《襄樊日报》连载，并最终在全国优秀出版社湖北人民出版社顺利出版，是很多人帮助和倾注热情的结果。作为一名文学工作者和基层文联干部，我只是做了我应该做的工作。没有聂海胜的优美人生，没有聂海胜的乡邻、同学、老师们对我创作这一作品的极大热情，就没有这本书。如果说，在中国文学作品的百花园中又多了一朵小花《梦想成真聂海胜》，在人类文学史上又多了一部励志的小书《梦想成真聂海胜》，我从内心里说，成绩属于党和人民，荣誉属于祖国和家乡。

本书临出版之前，我对作品进行了最后一次修改。本书定稿后，襄樊市更名为襄阳市，书中涉及襄阳地名的仍用襄樊。聂海胜的同学，有的离开学校后改了名字，书中一律采用学生时期的名字。另外，本书选用了部分资料照片、聂海胜同志及家人的生活照片，在此谨向照片的原作者致以诚挚的谢意。由于作品时间跨度大，距离原写作时间较长，作者虽竭尽全力，仍难免有不尽人意之处。

我期待着您的指正。

徐　青

2014 年 7 月